校本课程开发中的教研寻变

主　编　高　强　执行主编　于正超

U0724739

四川大学出版社
SICHUAN UNIVERSITY PRESS

项目策划：王小碧
责任编辑：王小碧
责任校对：谢 銎
封面设计：北京精准互动科技有限公司
责任印制：王 炜

图书在版编目（CIP）数据

校本课程开发中的教研寻变 / 高强主编 . — 成都 ：
四川大学出版社，2021.12
ISBN 978-7-5690-4464-5

Ⅰ . ①校… Ⅱ . ①高… Ⅲ . ①中小学－课程建设－研
究 Ⅳ . ① G632.3

中国版本图书馆 CIP 数据核字（2021）第 015151 号

书名 校本课程开发中的教研寻变
XIAOBEN KECHENG KAIFA ZHONG DE JIAOYAN XUNBIAN

主 编	高 强
出 版	四川大学出版社
地 址	成都市一环路南一段 24 号（610065）
发 行	四川大学出版社
书 号	ISBN 978-7-5690-4464-5
印前制作	北京精准互动科技有限公司
印 刷	涿州军迪印刷有限公司
成品尺寸	170mm×240mm
印 张	13.5
字 数	251 千字
版 次	2022 年 1 月第 1 版
印 次	2022 年 1 月第 1 次印刷
定 价	58.00 元

◆ 读者邮购本书，请与本社发行科联系。
电话：(028)85408408/(028)85401670/
(028)86408023 邮政编码：610065
◆ 本社图书如有印装质量问题，请寄回出版社调换。
◆ 网址：http://press.scu.edu.cn

四川大学出版社
微信公众号

前　言

关心学校要从关心课堂开始，关心课堂要从校本教研着手。在怀远中学的 5 个年头里，我先后听了 516 节课，持续跟进观课议课让我对课堂教学、教研教改问题的认知有了质的飞跃。在这 516 节课里，有许多让我至今记忆犹新、回味无穷的好课，但遗憾的是，让人欣喜若狂、心潮澎湃的好课并不是大部分。静下心来思考，我们可以发现，当前教育实践中，校本教研务实去虚势在必行。潜下心来研究，用发现的眼光去寻找，我欣喜地看到了学校课题组一线教师的创造力，看到了因教研而带来课堂的积极变化。

教师的专业并不仅仅表现在课堂上，是教学设计力和教学行动力的有机统一。从教师专业的角度看，如果教师课前所设计的教学预案，课中执行时所使用的导学学案，课后反思所形成的修订教案，是合乎学生需要的，也就是我们常说的合适的教育，找到了每一个起点不同的学生的最近发展区，那么过程性、结果性评价是不容置疑的。从教学行动力的角度来说，虽没有"放之四海而皆准"的统一模式，但教学行动至少应该包含四个基本要素：问题、合作、展示、导学，问题是教学的起点，合作是能力的平台，展示是生成的关键，导学是教师的水平。

校本教研中，集体备课就是生成专业教学设计的平台，我们着力于组织合作的进程、享受合作的成果、养成合作的习惯，合作引领未来，合作开创共赢。校本开发就是围绕学科核心素养，对知识、技能、问题、情境、活动、评价等进行有效重组，整合学科知识，联结真实情境，组建有学校属性的教研文化，促使教师生成基于设计的行动力。

想通大道理才能做好小事情，学校课题组秉承"树德求真，怀远务实"的办学理念，以问题为导向，以理论研究、专业培训、集体备课、推门听课、观课议课、技能大赛、课题助推、课程开发和成果提炼为路径，不断创新，逐步优化了集体备课与校本课程研发的管理模式，基本实现了国家课程校本化、校本课程特色化、特色课程使用效果最大化，增强了教师的课程研发意识，使其具有更强的批判反思能力，从而深层次促进教师的专业发展，打造了以科研项目带动学校发展的运行机制。

实践中，我们要做的事还有很多，但仅仅靠我们的力量又是不够的。我希望全校教师上下齐心、同舟共济、群策群力，共同托起怀远中学教育的美好明天。

四川省崇州市怀远中学校长　高强

2020 年 12 月

目　录

第一单元 总纲

编者按：四川省崇州市怀远中学课题组已经结题的课题从崇州市级规划课题"以'五步法'集体备课模式推进学科课堂教学的策略研究"、成都市级教育专项课题"教师发展导向下农村高中集体备课评价与管理实践的研究"，到四川省教育厅统筹城乡教育发展研究中心在研课题"校本课程实践追踪与反思研究"，完全切合当前学校省、市、区三级课题的研究初衷：在校本教研过程中，以集体备课、校本课程研发为主要研究平台，不断创新、逐步优化集体备课与校本课程研发的管理模式，构建绿色指标评价体系，努力实现国家课程校本化、校本课程特色化、特色课程使用效果最大化，增强教师的课程研发意识，使其具有更强的批判反思能力，从而深层次促进教师的专业发展，打造以科研项目带动学校发展的运行机制。

构建绿色科研生态，促进学校内涵发展

——以成都市教育科研专项课题 "教师发展导向下农村高中集体备课评价与管理实践的研究" 为例

第一部分 简介部分

一、引言

教师专业的培养与发展既是时代发展的需要，也是教育改革的需要。《国家中长期教育改革和发展规划纲要（2010—2020年）》明确指出："教育大计，教师为本；有好的教师，才有好的教育。要完善培养培训体系，做好培养、培训

规划，优化队伍结构，提高教师专业水平和教学能力。"

从本质上说，集体备课强调教师之间基于合作探究而寻求教学真义，强调优秀教学资源与教学经验的共生共享，强调凝聚群体智慧和创造新的教学方式，目的在于减轻教师负担，提高课堂教学质量，促进教师专业发展。这种从个体备课到集体备课的转型，实质上是实现教学从注重技术、技巧、方法的安排到注重科学、艺术和创造的融合，实现由"我的教学"向"我们的教学"的转变。

实践中，集体备课以其独有的优势成为一种蕴含无限潜力、有价值的备课组织形式，在各地各校备受青睐，已成为各学校教研活动中的"重头戏"和"亮点"。但是，由于行政干预过多、管理形式化、评价体系不够科学完善等因素，集体备课依然存在着重"教"轻"研"、重"教"轻"学"、教师"坐而不合"等问题。因此，在校本教研过程中，关于集体备课的探索、研究、实践与反思，引起了学校课题组的高度重视；在集体备课的深度引领下，参研教师积极参与校本课程的开发与实践、特色课程的打造与运用。

二、摘要

学校发展，科研先行；生本课堂，教师先行。在学校课题组的引领、指导下，全体参研教师走进基于教师发展和学生成才的课堂教学改革实践研究，从管理突围，从项目突围，从行动突围，直击核心，回归本原，构建绿色教育科研生态，促进了怀远中学脱胎换骨，推动其内涵发展。

在已经结题的崇州市级教育科研规划课题"以'五步法'集体备课模式推进学科课堂教学的策略研究"的基础上，学校课题组通过成都市级教育科研专项课题"教师发展导向下农村高中集体备课评价与管理实践的研究"来具体阐释从2016年7月开展"集体备课"研究以来"行为跟进"的系统思考、反思剖析、优化改进。

2016年以来，学校课题组始终秉承着怀远中学优良的办学传统，紧扣"树德求真，怀远务实"的办学理念，坚持以真问题、真情境、真实践为导向，研读积累、模式建构，逐渐形成了自身的专业研究自觉——以校本教研中集体备课为主要研究平台，从项目突围，用行动跟进，不断创新、逐步优化集体备课和校本课程研发的管理模式，构建绿色指标评价体系，努力实现国家课程校本化、校本课程特色化、特色课程使用效果最大化，用"循环实证"推进研究发展，打造以科研项目带动学校发展的运行机制，探索来自农村高中一线的、具体的、可操作性强的课堂教学改革路径，为省内外同类学校提供提升教育教学质量的实践案例。

第二部分　主体部分

一、明确研究目的和意义

（一）课题研究目的

图 1-1 展示的是制约集体备课的各种因素，通过实践过程中的探索与深挖，我们发现集体备课过程中存在着大量的重"教"轻"研"、重"教"轻"学"、教师"坐而不合"等问题。这些问题具体表现在以下几个方面。

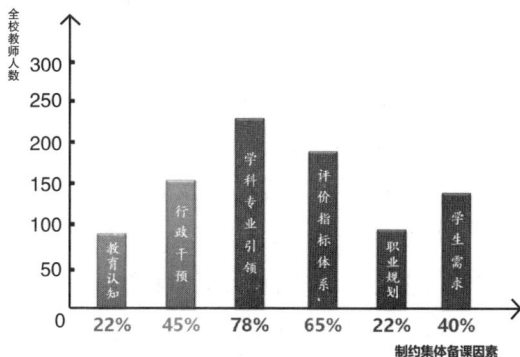

图 1-1　制约农村中学教研组、备课组集体备课的因素

1. 评价方式单一导致教师不愿意与同学科教师进行经验分享。从学校层面看，我校对备课组工作缺少针对性的指导，缺少细化的要求和考核。学校一般根据考试成绩对同学科教师进行比较，这样就让同学科教师成了竞争对手，因此不少教师不愿意将自己的经验与同学科其他教师分享。

2. 备课制度缺失导致活动成效低下，活动流于形式。我校备课组管理滞后，没有制定集体备课评价制度，只重视形式与流程，有形无实。集体备课的管理仅仅检查教师在不在和人齐不齐，不关注备课过程中集体成员的自我评价，使得一些备课组活动内容随意化、活动形式简单化、活动主体单一化，由此出现"五多五少"的现象：一是常规事务多，探索实际问题少；二是统一安排多，考虑教师需求的内容少；三是研讨共性内容多，满足各层次教师的需求少；四是关注经验多，反思性的实践研究少；五是组长和少数教师讲得多，成员彼此交流的机会较少。

3. 应付检查，备课活动不深、不透。有的教师为了应付学校和上级的检查，只看重备课的书写和格式，而忽略了备课的精髓和目的；学校在检查备课笔记时，也是只看书写、看结构、看规范，大家都犯了买椟还珠的错误；部分教师凭经验备课，不认真研究学生和教材，有的在网上下载一份教案了事，有的一直沿用以前的教案。集体备课缺乏对内容和资源的选择，导致备课成了"教案书的翻版"。

4. 学校缺少平等沟通、合作包容的文化氛围。备课组活动时，经常由少数教师掌握着话语权，其他教师要么不敢发表意见，要么不愿意发表意见。造成这种现象的主要原因是学校缺乏合作与包容的文化氛围，教师缺乏主动表达的习惯。

5. 备课组长缺乏专业引领，活动呈现组织行政化倾向。部分备课组组长组织的备课活动缺乏专业引领与学科示范水平，备课组组长只是单纯地布置学校教研组或教务处的事务性工作，使得备课组组长成为上传下达的"传声筒"。

6. 教师和学校管理者思想认识不到位。虽然加强校本教研，着力推进学科课程建设受到学校和教师的欢迎，但受客观因素影响，有些教师和学校管理者思想认识还不到位，还存在着观望心理，同时对校本教研管理的执行还有所幻想，期望能够有些"擦边球"可打和"空子"可钻。一些教师对严格的教学管理顾虑重重，不敢对学生提要求，片面强调减负，而忽视增效。有的教师忽视分析、研究学生负担的现状，搞一刀切，不该减也减，不宜减也减。

7. 难以把握进度与深度的关系。由于受到以往教学要求的惯性影响，不敢科学地调整教学要求，而客观上学科课时的减少，对教学要求的落实也产生了诸多制约。学生学习能力的差异，导致学生在掌握教师教学要求上不同步，导致教师课堂教学时组织困难。另外，少部分教师忽视学生的学习时间与学习成本，为了应试，以"大投入"换"小产出"，从而造成过度学习，教学进度难以完成，或教师匆匆赶进度，导致很多教学内容不深、不透，学生学得不扎实、不牢固。

为彻底解决这些问题，从策略上学校需要关注教师学习文化和合作文化的建立，让集体备课真正成为校本教研活动；引导教师关注和研究学生的学习，理性理解"好课"标准，不断追求集体备课的新价值；基于"教学设计"理念改革并完善集体备课；增强对集体备课的专业引领等。课题组以"集体备课"为关键词及主题，选定中国期刊全文数据库（CNKI）、中国优秀硕士学位论文全文数据库和中国博士学位论文全文数据库进行在线检索，发现各地、各校对集体备课的困境、问题的分析非常多，但相应的对策和解决方案缺乏可操作性，其中尤其未见关于农村普通高中集体备课的研究成果。

因此，如图1-2所示，在已经结题的崇州市级教育科研规划课题"以'五步法'集体备课模式推进学科课堂教学的策略研究"基础上，怀远中学课题组通过成都市级教育科研专项课题"教师发展导向下农村高中集体备课评价与管理实践的研究"，积极实践探索，加强反思剖析，持续优化改进，形成了以集体备课为主要研究平台，梳理国家课程，开发校本课程，用"循环实证"推进研究，旨在进一步提高课堂教学质量，促进教师专业成长，打造以科研项目带动学校发展的运行机制，探寻课题研究一线的、具体可操作的实践路径，供同类学校学习、借鉴，以期共同提高。

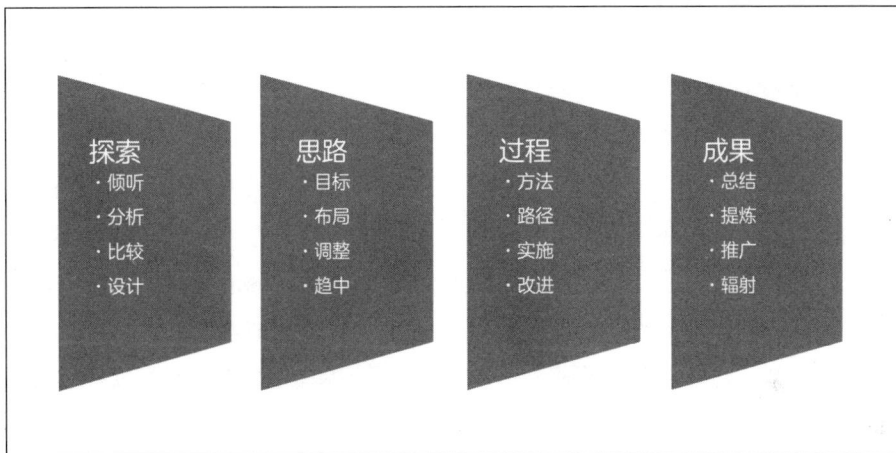

图1-2　2016—2021年度四川省崇州市怀远中学省、市、区三级课题研究实施路径图

（二）课题研究意义

集体备课作为教师专业化发展的一种有效策略，在走进新高考、推进新课程的过程中为教师提供合作、探究、实践的途径，通过课题参与者们思想火花的碰撞、集体智慧的分享、精华糟粕的取舍、优质资源的整合，促使教师加深对校情、学情和生情的把控，对教材、课堂和教法的研究，对课程、模式和评价的优化，促进了教师团队教育智慧的形成。五年中，我们着重落实了下面四组关键词。

1. 资源共享真正发生。在集体备课中，各位参研教师凭借各自的经验和独特的表现形式，通过思想碰撞、交换意见、合作探讨，真正实现了共享教学方案的同时促进了个性的发展。

2. 合作精神内化于心。随着集体备课活动的深入推进、集体备课过程的有效管理、集体备课评价方式的积极优化，全体教师的专业素养和合作探究的思想得到了提升和深化，校本课程建设也达到了一定的高度。

3. 高质量、低负担。课题组要求每一位教师在活动前都要精心准备，同时在活动中认真听取他人的成功经验，如对某一教材内容的教法、学法、重点、难点、关键点的确定和处理，这在很大程度上减轻了教师个体的工作负担，提高了教师的工作效率。

4. 教师成功、学生成才。中青年骨干教师拥有丰富的教育教学经验，高学历年轻教师拥有高知识水平、新鲜的思维角度、熟练的现代教育技术，教师间扬长避短、优势互补、充分融合，使学生享受到了最优的教学过程，也促进了教师自身的专业成长，降低了年轻教师成长的时间成本。

二、优化研究目标和内容

（一）核心概念界定

1. 集体备课。集体备课是指教师以教师团队为纽带，既有分工，又有合作，设计出既突显教学共性与个性特色又达到资源共享的生态教育理念的教案。它是在个人备课的基础上，同年级同学科教师对某一教学内容进行讨论研究，从多角度、多方面去想学生所想，疑学生所疑，共同解决教学中遇到的各种困惑的一种校本教研活动。它可以有效地避免教师个体研究势单力薄的情况，发挥集体智慧的作用，最大限度地减少教学中的不足和失误。

2. 课堂教学。课堂教学是教育教学中普遍使用的一种手段，它是教师给学生传授知识和技能的全过程，主要包括教师讲解、学生问答、教学活动以及教学过程中使用的所有教具，它被称为"班级上课制"，与"个别教学"相对。课堂教学是把年龄和知识程度相同或相近的学生，编成固定人数的班级集体，按各门学科教学大纲规定的内容，组织教材和选择适当的教学方法，并根据固定的时间表，向全班学生进行授课的教学组织形式。

3. 教师发展。教师发展是指教师作为专业人员，在专业思想、专业知识、专业能力等方面不断发展和完善的过程，即从专业新手到专家型教师转变的过程，具有多样性、自主性和持续性的特点。

（二）研究目标

1. 如图 1-3 所示，作为成都市教师发展基地校、成都市首批智慧课程联盟学校、成都市第五区域教育发展联盟学校的怀远中学有一套完整、严谨的课题实施结构图。我校课题组坚持"学有良教、以学定教"的研究理念，以集体备课为主要研究平台，创新了集体备课模式和评价体系，严格规范集体备课的过程管理，激活校本教研策略，提升校本教研实效，关注备、教、思结合，降低教师专业成长的时间成本，构建了集体备课的绿色指标评价体系。

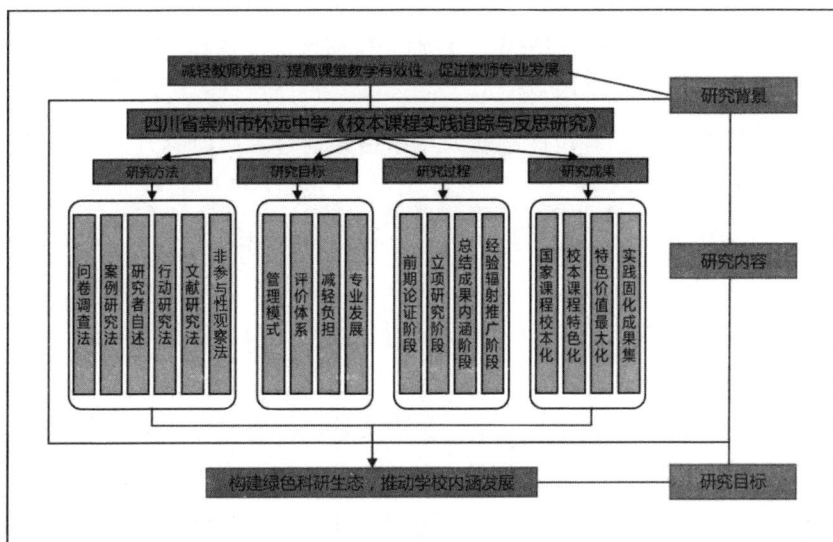

图1-3 "教师发展导向下农村高中集体备课评价与管理实践的研究"实施结构图

2. 深挖研究过程，我校打造了以科研项目带动学校发展的运行机制，探索并形成了来自农村高中一线的、具体可操作的、促进教师"轻负担、高质量"的实践举措与经验，为省内外同类以此为途径提升教学质量的学校提供实践案例。

（三）研究内容

1. 样本选择：为了能够更聚焦于分析研究，在前期7个学科课题研究小组的基础上，我校课题组增选高中地理作为研究学科。在一些输入性的变量上，前后8个学科尽可能保持一致：年级生源组成类似，65%左右的学生为区域内学生，30%左右的学生为外来务工人员的子女；师资结构、学历层级类似，以中青年教师为主，教师教龄基本在10～25年，其中部分教师有研究生学历。

2. 研究方法：在研究方法上，采用质性和量化研究整合设计的方法，充分保证整个课题研究过程的条理化、深刻化、规范化、精致化。

（1）问卷调查法。对区域内校长、教研员、教师进行了问卷调查和访谈，以及对学校内部教师进行了全样本问卷调查，问卷1涉及教师的基本信息和班级基本信息，包括了教师的专业追求、职业规划和教育理念、学科观念；问卷 2 涉及教师的教学方法、教学内容、教学策略；问卷 3 涉及集体备课开展的频率、方式方法、效果、学校管理和评价指标；问卷 4 关注校本课程建设的现状、原因追踪和期望。

（2）案例研究法。以学校选定的 8 科教师的课堂教学作为典型案例，通过对案例的研究来呈现结果。获取案例的渠道包括：资料分析、搜集、查阅，分析备课组的工作记录、项目学习故事、教师变化情况等。这样形成的典型案例足以说明研究对教师团体发展的影响。

（3）研究者自述。各位课题研究小组组长通过亲历研究，不断反思总结，自述研究案例。

（4）行动研究法。"为行动而研究，在行动中研究，由行动者研究"，行动研究是本研究的主要方法之一。在团队组建的基础上，以观察活动、讲故事、访谈、调查、展示、有主题的反思等形式开展行动研究，在行动中得出研究所需数据，由行动者的实证出结论。

（5）文献研究法。搜集、鉴别、整理文献，并通过对文献的研究形成科学认识事实的方法。文献研究对本课题有特别重要的意义。

（6）非参与性观察法。选择并诚邀特定课题研究观察员、指导专家，通过"置身事外"的方法，观察并描述项目学习组的活动过程、方式、氛围、活动中不同教师的表现，以探求研究过程中教师团体发展和个体发展的相关因素，拔高课题研究的高度。

3. 支撑本研究的理论基础：建构主义学习理论、学习型组织理论、群体动力理论、现代教学论的研究精髓。

4. 研究思路：首先抓实"两备两看"，其次抓实"356"，最后抓实成果固化。

（1）备教材，反复研读，吃透教材。不同层面备教材，细致深入读教材，高广角度展教材。

（2）备学生，研究学情，多种预设。分析学生已有的学习水平，具体分析学生的个体差异，分析学生对教材的反应。

（3）看课堂，通过课堂观察，掌握教师的执行效果和学生在课堂的表现。

（4）看反思，从集体备课的深入情况、教师个人的认同度和执行力、课后作业的改进等反思交流、整体拉升。

（5）做到"三定""五统一"。

（6）六步集体备课法（如图 1-4 所示）：个人初备—集体研备—个人修案—

课堂修案—（反思修案）二次备课—成案上传（注重教案的前测和后测）。

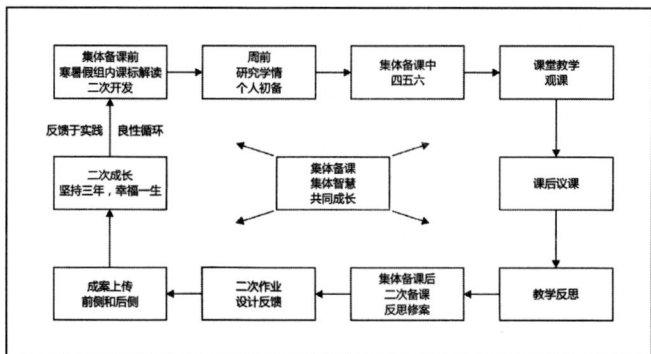

图1-4　四川省崇州市怀远中学成都市级教育科研专项课题研究中集体备课流程图

（7）抓实成果固化，编写校本教材，组织撰写课程研究论文等。

三、研究过程、重点突破和创新

（一）研究过程

1. 优化集体备课流程，构建绿色指标评价体系。在集体备课研究过程中，从流程看，着眼合作与共享，抓住备课重点，立足班级学情与学生学情，着力二次备课、三次备课和课后反思；从评价看，站在备课组、教师、学生角度，以教学观察、课堂生成、教学业绩数据说话。着重落实五个方面：

（1）分析教材、吃透教材——整合优化教学内容；

（2）了解学生、选择教法——设置优化教学程序；

（3）设置环节、编写教案——实施优化教学过程；

（4）分层练习、筛选习题——巩固课堂教学效果；

（5）课程研发，资源共享——体现课题研究特色。

2. 成立校本课程审议委员会。在集体备课的研究过程中，学校成立了校本课程审议委员会，由中国教育学会主任秦建平、成都大学学前教育学院院长刘先强教授、成都树德中学校长胡霞、成都铁路中学校长杨云雄等正高级教师担任课程指导专家和研究顾问。该委员会听取学校需求评估、资源分析报告，进一步结合学校办学理念和开发设想，进行初步审议。

3. 编写《四川省崇州市怀远中学校本课程建设指南》。学校根据校本课程审议委员会审议意见，制定《四川省崇州市怀远中学校本课程建设指南》，明确校本课程开发的指导思想、总体目标、课程结构、基本原则和程序、激励政策和保障措施等。

4．制定《四川省崇州市怀远中学校本课程开发方案》。学校根据校本课程审议委员会审议意见，制定《四川省崇州市怀远中学校本课程开发方案》，公布最终确定的校本课程开发项目、课程结构、课时安排、教师配备等意见。此方案明确了以下几方面的内容：

（1）校本课程开发的基本依据包括政策依据、学生发展的需求和特点、资源条件、办学理念与思路；

（2）校本课程开发的总体目标不宜太复杂，3～5条目标即可；

（3）学校课程的大致结构包括课程门类、每门课程的课时数和限制性条件等。

5．审订《四川省崇州市怀远中学校本课程实施纲要》。教师根据《四川省崇州市怀远中学校本课程开发方案》编写自己负责开发的校本课程实施纲要。该纲要包括两部分：

一是基本项目，简要说明开课教师、教学材料、课程性质或类型、学习时限、参加对象等；

二是具体教学方案，较详细的教学方案一般包括课程目标、课程内容与活动安排（专题、内容、活动项目等）、课程实施说明（主要教学方法、组织形式、课时分配、教学场地安排、教学设施条件、班级规模等）、考核评价方式要求（考核方式、记分方式、成绩构成）等。

6．实施校本课程教学，做好课程评价。

一是按学科、学段的研究计划实施课题研究，按校本课程实施纲要进行课程教学，整理和分析相关资料，形成系列的集体备课模式、教学模式或教学策略；

二是参照校本课程开发方案对教学管理、教学评价进行研究，形成教学管理方案和教学评价细则；

三是校本课程审议委员会结合课题研究实际，通过问卷调查、学生座谈、教师访谈、课题沙龙、学术研讨、专家评审等方式，开展校本课程的评价和奖励工作。

（二）研究重点

1．提升认知，二次成长。从每一次成功的集体备课可以看出，只有教师间积极探讨与合作，集体备课才能达到共同分享、减轻负担、相互促进的目的。但是有些学校不乏名师、名校长，却也未能带动学科其他老师成长，这个现象值得反思。

2. 整体布局，二次开发。既然不能选择适合的学生，那么作为研究中坚力量的课题主持人、主研人员、组长，就要集全组之智慧，甚至是借助区域内外专家的力量，共同研究课标要求，梳理、整合国家课程，编制特色校本课程，做到不同的单元目标以相应的课程标准为依据，同时根据单元目标和学生的实际需求来确定最优的教学策略，打造适合自己学生的课堂教学方案。

3. 鼓励创新，二次备课。每次集体备课时，青年教师轮流作为主发言人进行说课，其余教师就主发言人设计的集体备课方案的各项内容发表各自的独到见解，绝不当"听客"和"看客"，并对备课欠缺之处进行补充，做到教学的准确、完整，最终达成"五个统一"。但同时，鼓励每位教师根据学生先学、学生群学、课堂反馈等实际情况，研究差点、尊重差异、分层教学、分类教学，认真做好二次备课，从而满足学生学习的个性化需求。

（三）研究突破

五年来，课题组通过集体备课的实践评估、资源分析，厘清研究思路，提炼核心理念，确定集体备课过程中校本课程开发、追踪与反思的策略和路径，形成了学校今后课程建设的总体设想，即遵循新高考对提升学生素养的要求，结合四川省崇州市怀远中学"树德求真，怀远务实"的办学思想，开发"三需"课程，如图 1-5 所示。所谓"三需"，一是学生身心健康成长的"普需"，二是学生个性特长发展的"特需"，三是学生中、高考选拔的"刚需"。课题组努力创设真实的研究情境，探索项目化学习，培养师生在真实的工作、学习与生活情境中发现真问题、解决真问题的能力。

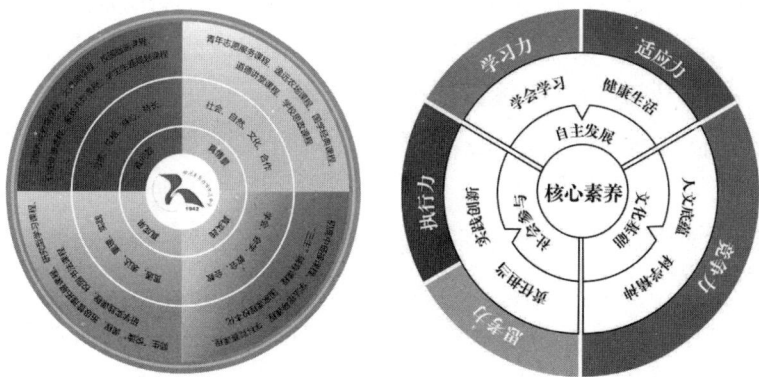

图 1-5　核心素养背景下学校课题组"三需"校本课程建设指导示意图

通过努力，课题组取得了以下突破：

1. 明确学校发展特色，为集体备课的实践、追踪与反思研究找准契合点。认真解读国家规定的各学科课程标准，分析、把握各学科教材特点，按学期、模块、课时制订年度集体备课、课程研发的实施计划，对集体备课、课程实施和学生发展等情况进行阶段性评估。使学生能从中学到智慧，并且能在学习过程中感受、体验教育的意义和价值，达成有效开发校本课程的目的。

2. 回避其他学校的操作误区，即片面强调所谓的"校本化"改造，甚至过于强调集体备课过程中校本课程的开发。校本课程的有效开发，体现在设计和安排学习活动时，必须坚持以学生为中心，用真问题、真情境、真合作、真探究、真任务、真成果，这六个"真"把学生推到学习的中心，引向真实的课堂。

3. 调动参研教师的积极性，使其主动进行集体备课、课程创新。为了达到这个目的，校长和主研团队需要有四个方面的课程领导力：一是学校课程理念、办学愿景的聚合能力，二是学校课程发展的规划能力，三是课程开发和教学实践的管理能力，四是教师队伍的培养和引导能力。这样才能让教师充分理解集体备课过程中国家课程校本化的实施意图和目标，认识到校本课程的有效开发是必需的，从而使教师的集体备课、课程开发行为从被动变主动。

4. 结合疫情期间线上教学的实际，在今后集体备课、校本课程研发的实践追踪与反思研究上，课题组准备加强现代教育技术与学科课堂教学的深度融合，与校本课程设计、编写、使用、追踪、修订完善和评价方面的紧密融合。

（四）研究创新

第一，坚持管理制度跟进，构建备课主讲制度、读书分享制度、校本课程开发与评价等管理体系，协同追踪与反思，制度强落实，管理出效益。

第二，多角度、多渠道促项目落实，以行动跟进，加强集体备课、技能大赛、观课议课、青年教师培养及校本课程布局的实施和追踪机制。

第三，成立课程资源研发中心，着眼学校集体备课资源、校本课程资源库的共建、共享。

第四，从教师、学生、备课组、班级和年级分部角度，积极发挥集体备课、校本课程研发的评价导向与激励功能，构建绿色指标评价体系。

第五，抓实成果固化，组织设计、编写校本教材系列丛书，加强推广、追踪与修订完善。

第六，加强实践追踪与反思提炼，组织参研教师积极撰写相关研究论文、报告和研究学术专著。

第七，通过创新集体备课的研究实践、评价机制，落实国家课程的校本化实施、校本课程的有效开发、开发后的实践追踪与反思研究，增强教师的集体备课意识，实实在在走出一条农村中学以集体备课促进教师专业成长的新路子。

四、研究成果和效果

（一）认识成果

1. 课题组对于集体备课的认识、理解和信念，大多不是从外部"获得"的，而是从内部"建构"的，建构是通过不同的反思形式实现的。参研教师通过对自身教育实践的反思，对自己、自己课堂教学活动甚至相关的事物有更深入的认识和理解，并在认识和理解中发现其中的意义，用所获得的意义去重新规划和设计自己的未来行为。

（1）促进了教师在集体备课、校本课程开发认识和操作上的意识转变。

（2）优化了对教研组、备课组集体备课的评价方式、管理策略。

（3）解决了组内教师各自为政、单打独斗的校本教研方式，教师们相互欣赏、深度研讨、合作共赢。

（4）确定了切实可行的、具体可操作的、适合农村普通高中的集体备课和校本课程开发管理及评价模式。

（5）形成了一套行之有效的集体备课管理制度：备课主讲制度、备课组长学科考察进修制度、读书分享制度、观课议课制度、推磨听课制度、师徒带教制度、备课组和教研组月考核制度、备课组行政协管制度、备课活动督查巡视制度、备课组长年级负责制度、校本课程建设指南、校本课程开发方案、校本课程实施纲要、研发专著共享制度。

（6）实现了集体备课资源库、校本课程开发资源的共建共享。

（7）有效促进了学校教师专业发展水平的整体突破。

（8）构建了以科研项目带动学校教育教学质量提升的运行机制。

（9）最重要的是，参研教师通过集体备课实践研究，同自己内心深处的信念、价值观和心智模式进行对话，学会了倾听自己内心深处的声音，学会了观察和审视自己是怎样思考和做教学决策的。

2. 集体备课过程中的校本课程建设，注重了顶层设计特色化和课程资源多样化，凝聚办学智慧，彰显学校特色。顶层设计特色化在执行国家课程计划要求的同时，体现了学校的办学目标，合理分配了内容领域的比重，明确开设的具体科目及其顺序关系，让校本课程的建设走出了各种"碎片化"问题的"瓶颈期"。

3. 在集体备课、校本课程实施中，结合了学校和学生发展需要、学情、招生考试政策，并以此来推进课程科学合理地实施。例如，经过反复调研，课题组把"书法课程""生涯规划课程""心理辅导课程""版画课程"科学合理地安排进了课表，做到了即使参与实验班级也能在每期的固定时间进行课外课程学习。同时，把版画课程、大课间跑操课程成功申报为崇州市级课题，以课题研究为平台，拓展课程建设的宽度与提高课程建设的高度。

4. 在做好升学准备的同时，注重学生多元发展、终身发展的需求，邀请校内外学者开展集体备课、课程建设专题相关讲座活动，利用课余、寒暑假时间，组织教师进行跟岗学习，鼓励学生进行课题研究，从中挖掘出部分适于科研的学生，并为其搭建平台，发展其终身研究能力。

（二）操作成果

1. 建构了属于课题组自身的"集体备课行动研究理论"。

（1）认知意识。从内心认知看，让大家从心理上、思想上充分意识到了独学而无友则孤陋而寡闻，合作互助能有效地为那些遭遇职业发展瓶颈期的教师提供专业发展的路径支持、目标和情感支持。

（2）行动路径。从路径解决看，通过集体备课工作 QQ 群、观课议课制、师徒结对制、名师工作室、教师发展讲坛、微信公众号、博客等，在团队合作中构建了明确的协作目标，有效促进目标的及时达成。

（3）整体把控。从备课时段看，实现了全书备课、单元备课、课时备课构成的一个完整备课链条。

（4）单元设计。从大处着眼，以大观念为中心的单元设计兼顾整体与局部。

（5）实施流程。从小处着手，一次成功的集体备课包括六个环节：个人初备，集体研备，个人修案，课堂修案，反思修案（二次备课），成案上传（注重教案前测和后测）。

（6）固化成果。从阶段成果看，开发了特色鲜明、适合学情的校本教材 42 套，课题研究论文 315 篇参评获奖，编制了优秀教案集、教学反思文集、教育科研与教师发展成果集共计 5 册。

（7）创新意识。从实施效果看，整体优化了"学生先学、合作探究、点拨拓展和反馈评价"四个方面，基本构建了关于集体备课的绿色指标评价体系，形成了校本课程研究资源库。

2. 建构了属于我们自身的"集体备课创新路径"。

每一个课题研究背后的故事，每一个课题研究过程中的付出，都是源于实践的归纳提升，回归本原，直击核心，促进教师发展、学生成才，推进学校内涵发展。

3. 抓实了成果固化，部分成果获上级主管部门表彰，部分成果现已正式出版，如《怀中精品导学设计》系列校本丛书42套、《课题参研教师专业成长自我描述选编》《课题参研教师课题研究论文集》2册等。

4. 根据前期实践与反思结果，课题组重视教科书的二次开发以及学科资源库建设，同时注意积累教学活动中生成的课程资源，如语文课题组形成了作文教学的校本教材《书本外的作文资源》《学生作文辑录》。

5. 构建了较为完善、成熟的校本课程体系。

课题组经过反复论证和实验，构建了"宏观—中观—微观""基础课程—拓展课程—校本选修必修课程""对话治理式"的集体备课和课程领导管理模式，宏观管理抓规划，中观管理抓项目，微观管理建机制。以整合重建课程结构，聚焦生命成长；以联动重建课程教学，提升生命价值。

（1）"基础课程"着眼于国家课程的二次开发。各学科均在国家课程的基础上，着力进行二次开发，根据学生的兴趣、需求，将相应内容拓宽、加深。

（2）"拓展课程"着眼于学生综合素养的提升。校本课程下属的"拓展课程"不是由简单的几个兴趣班、学生社团碎片化组成，而是在"互联网＋"的背景下，形成了怀远中学富有特色的课程体系。例如初高中衔接课程、书法课程、大课间跑操课程、版画课程、劳育课程、健美操等社团课程、心理课程、生涯规划课程、家校共育课程、学科竞赛课程。

（3）各类课程分为校本必修课程、校本选修课程。校本课程设置有梯度、有融合。

6. 建构了良性、完善的集体备课和课程管理方式，如图1-6所示。

（1）以项目为单位构建管理机制。

（2）建立集体备课和课程管理及开发领导小组、集体备课和校本课程监测评估领导小组、集体备课及学生综合素质评价领导小组、研究性学习领导小组、学分评价管理领导小组及课改成果管理领导小组、档案管理工作领导小组等管理小组。

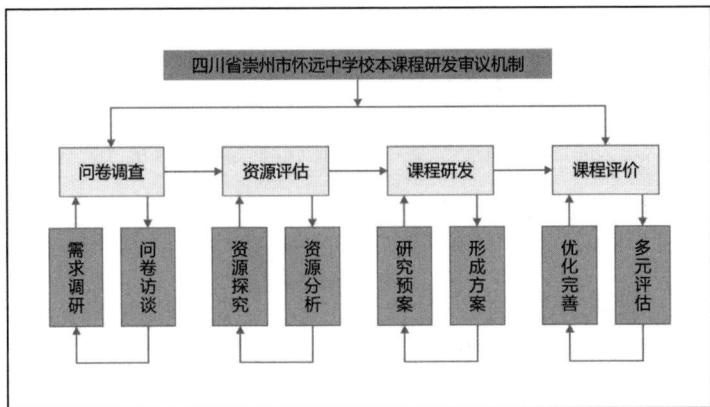

图1-6　四川省崇州市怀远中学集体备课过程中校本课程开发审议机制流程图

（3）以学科为单位实施有效教学管理。

（4）以学生为主体执行全面质量管理。

7．建构了合理、完善的集体备课和课程评价方式。

（1）对学生评价：强调表现性、过程性评价，结合课堂教学进行表现性评价。

（2）对教师的评价：质性与量化相结合，学校的集体备课和课程评价还体现在学校对教师集体备课、课程实施情况的评价——主要从课程设计实施的过程性材料、公开课展示以及课程满意度的调查三个方面进行。

8．参研教师专业成长数据支撑。9个研究小组基本做到教研活动经常化、专题化、系列化，基本实现了校本课程特色化、特色课程使用价值最大化。课题参研人员努力做到了在教育写作中成长，在教育研究中成熟，在总结提炼中升华。

9．课题小组开拓创新、积极作为，怀远中学于2018年被评为崇州市教育科研创新先进单位，于2020年5月被成都市教科院评为成都市教育科研先进单位。2019年11月，我校被成都市教育局评为高考质量优秀学校、高考进步最快学校，属崇州市唯一受表彰学校。

10．课题组参研人数逐年攀升，现已达195人，占全校总人数的72%。从课题研究中走出去了2名全国教育科研先进个人、1名四川省特级教师、2名成都市学科带头人、1名成都市级教育科研先进个人、1名崇州市教育管理优秀校长、6位崇州市级名师、35名高级教师、29人次市级赛课一等奖获得者。

五、研究不足和反思

科研培养我们关怀，课题促使我们关心。课题组行走在教学一线、研究前沿，都是出于对学校教师的关心、减轻教师负担的目的，出于改变学科教师处境和命运的动机，出于致力让全校师生生活更加幸福的目标。本研究课题内容选定切合农村中学教育教学实际，既实用又创新，方案详尽，论证充分，步骤可靠，具有较强的操作性，使教研更加及时、灵活、深入、持久、高效，对解决教学中的实际问题和提高教师专业成长水平具有较强的现实意义。

该课题在区域内农村中学的实施力度还不够，推广学科还有待深入，部分学科缺乏市内外有影响、有高度、有情怀的骨干教师和教育专家的引领，内心缺乏对集体备课、校本课程研发的积极认知，理论支撑的力度不够，归纳总结的能力不强，研究过程中的经验难以提升。相关制度建立不够健全，执行不够严格，所以研究深度欠缺，研究目标还未达成。

在以集体备课研究推动教师专业发展的实践过程中，经验是重要的，但经验还需要反思，因为没有经过反思的经验可能是狭隘的、肤浅的、错误的，可能对未来课题实践缺乏指导价值。反思意味着对已有的研究结果保持审慎的审视，要借助书本的理论、前人的做法、他人的经验进行比较和论证，强化系统思考和行动跟进，使课题组下一步的研究成果变得更合理、更可靠、更有价值。

今后，课题组将始终把一线教师的处境和困难看在眼里，保持强烈的教育情怀，细化研究内容，加强行动跟进，通过对集体备课、校本课程研发的实践研究、追踪与反思，将眼前的教育实践对象融入自身的生命意义之中，并将教育当成一种生命责任。

（作者：四川省崇州市怀远中学　高强 于正超）

"名校之名，在名师，更在名教研组。"只有名师未必有名校，但有名教研组则必然有名校，因为一个学科团队的卓越，必然会带动相关学科团队乃至整个学校的进步。我们不仅要研究"做什么事"，更要研究"为什么做事""要做成什么事""怎么更好地做事"。现实中，校本教研虚化现象严重，去虚向实的校本教研项目管理应从三个方面着手：一是构建项目组织框架，激活校本教研要素；二是确立校本教研测量指标，让项目内容可测可控；三是选择合理的校本教研项目管理工具。本文从理念内化、行动外塑出发，对课题组校本研究过程中各个子项目的实施理念、路径、方案、成果提炼予以具体阐释，全面系统地深入展示课题组校本研究成果。

校本教研方向引领，力促教师专业成长

教学质量是每一所学校的生命线，教师团队专业素质的整体水平直接决定着学校的发展高度。因此，青年教师的专业培养以及骨干教师的二次成长，是当下教育界讨论颇多的话题。在课题研究中，我们发现，大多数教师们视校本教研、集体备课、观课议课等改革工作为鸡肋，食之无味，弃之可惜。但毫无疑问，作为教师专业发展的日常工作，推进普通高中课程改革的重要策略，校本教研是一种在职学习课程，更是一种重要的专业成长方式与直接途径。本文旨在通过学校正在开展的各项校本教研活动，提高课题组教师对校本教研的再认识、再学习，培养坐而合、教而研、研且改的合作探究习惯，降低教师专业成长的时间成本。

从本质上来说，校本教研是为了改进学校的教育教学，提高学校的教育教学质量，从学校的实际出发，依托学校自身的资源优势和特色进行的教育教学研究。教育部基础教育课程教材发展中心原主任朱慕菊曾指出，以校为本的教研，是将教学研究的重心下移到学校，以课程实施过程中教师所面对的各种具体问题为对象，以教师为研究的主体，理论和专业人员共同参与的教学研究活动。因此，我们借学校校本课程建设的东风，进一步完善适合于农村普通高中实际的校本教研运行机制，为教师发展提供强有力的保障。

第一节　课题研究推动校本教研

作为课程改革的引路人、课题研究的实践者，基于目前校本教研的实际，我们思路要清晰，方法要得当，引领要务实，效果要求真，坚持做到"三个理念"引领，"三个要素"把控，"三个层面"落实，校本教研才能务实去虚，课题研究才能落地生根。

一、校本教研的现状分析

通过教学常规检查、教研活动督查、问卷调查，我们可以发现，在日常校本教研过程中，研究活动虚化现象严重，经过课题组认真梳理、分析、筛选，概括起来，主要原因有如下几种。

（一）形式主义

校本教研过程形式化、表面化，虽然组内教师能够准时参与校本教研活动，但是在活动过程中自行其是，对活动内容没有准备，更谈不上思考，不参与讨论，没有自己的观点与见解，更多的是附和别人的观点。

（二）认知意识

根据学月或者学期末的教学常规检查、推门听课、课堂观察，可以看出，集体备课的成果并没有用于自己的教学中，集体备课后的教案与之前教案相比无明显改变，教师之间没有开展实质性的合作交流。

（三）行动外显

课题组主研人员先后多次听过同一个市级比赛一等奖教师的课，前一次是在比赛中，教学设计理念先进、方法得当、效果显著；后一次是在其日常教学中，满堂灌输，几乎没有留给学生思维启迪的时间。前者是集体教研的成果，后者是个人教学的真实体现，前后判若云泥。这不得不让人对其所在学校平常校本教研的目标内容及有效性与实效性等提出疑问。

（四）专业引领缺失

在平日工作中，大家一起教研、学习、探讨，教研水平基本接近，导致教研活动内容单调，没有新意，解决不了重要问题，有时甚至连问题也提不出，校本教研也因此失去了吸引力，变成了进度通气会、行政任务通知会，个别小组甚至开成了党员活动会。

（五）缺乏团队合作

一些学校在教育教学管理过程中，由于片面地强调个人教学成绩，导致一些教师害怕被其他教师超越，心里有想法也不愿意与他人分享。此外，还有部分教师对校本教研的认识不到位，没有将校本教研当作个人成长的平台，导致教研组没有凝聚力，难以做到"心往一处想、劲往一处使"。

二、课题研究中的校本教研

"欲求发展，则求变。欲求完美，则求常变"。从学校"春晖行动"师训工程众多成功的案例中，课题组让青年教师们渐渐明白，与其"磨你千遍不厌倦"，不如紧紧以"三个理念"为指导，基于"三个要素"，从"三个层面"出发，更多地磨自己——打磨自己的教育思想、磨炼自己的教学技能、形成自身的教学特色。

（一）三个理念

1. 学校是教学研究的基础。校本教研是以学校所存在的突出问题和学校发展的实际需要为选题范围，与学校的生活密切相关，是为了学校发展而开展的研究活动。课题组每一位参研教师要不断反思和调整个人的行为习惯、角色地位、教学策略和教学方式，使我们的教育理念与新高考的要求相吻合，每一位参研教师要学会去影响、去引领组内其他教师，共同提高。

2. 教师是校本教研的主体。一个优秀教师的培养需要经历三个阶段：1年站稳讲台、2年站好讲台、5年站出影响（见图1-7）。课题组结合研究实际，先判断一名教师属于哪个阶段，针对教师所处阶段制定培养策略，力争做到一人一策。当然判断教师属于哪个阶段，应依据教育测量方面的指标来确定，这些测量指标包含课堂教学、师生关系、教学实绩、团队关系、教育理论、科研成果等。

3. 师生共同发展是校本教研的目的。校本教研无论是作为教学研究活动，还是作为教学研究机制，它都是以学校发生的突出问题和发展需要作为研究范围，它所研究问题的过程和结果，都是针对师生在学校中共同生活、共同面对的实际问题，目的是让师生都能得到共同发展。

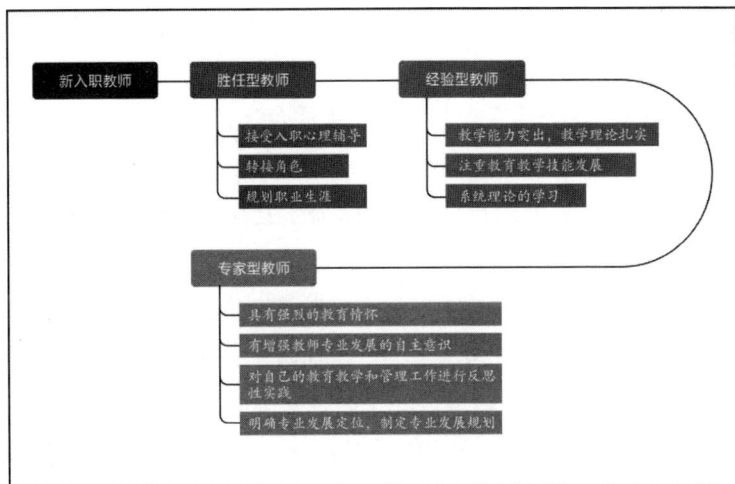

图 1-7 教师成长三阶段

（二）三个要素

1. 教学反思。反思不是回顾，是反省、思考、探索和解决教育教学过程中各方面存在的问题，它具有研究性质，是校本研究最基本的力量和最普遍的形式。课堂反思被认为是"教师专业发展和自我成长的核心因素"，它隐含着三个基本信念：教师是专业人员，教师是发展中的个体，教师是研究者。

教学反思是校本研究的基础和前提，校本研究只有转化为教师个人的自我意识和自觉自愿的行为，才能得到真正的落实和实施。新高考背景下，非常强调教师的教学前、教学中、教学后三个阶段的教学反思。

2. 集体备课。校本研究强调教师在教学反思的同时，带着真问题、真情境、真阅读、真合作、真联系、真探究、真任务，加强与其他教师在课程实施等教学活动中的专业切磋、协调和合作，分享经验、深度研讨。

3. 专业引领。校本研究虽是在"本校"展开的，是围绕"本校"的实际问题进行的，但它不局限于本校内的力量。专业研究人员的参与，是校本教研不可或缺的因素。离开了专业研究人员等"局外人"的参与，校本教研就迈不开实质性的步伐。

（三）三个层面

为了保证校本教研活动的落地，便于课题组能够创造性地实施校本课程建设，提高参研教师的课程建设能力，达成课程建设的愿景，我们要做到以下几点。

1. 学校"动起来"。校本教研把学校推到了课程改革的前沿。学校要发展，要办出自己的特色，凸显自己的个性，就必须动员学校的一切资源，特别是教师资源，整合各方力量，集思广益，制定和完善适合学校实际的校本教研运行机制，开创学校工作的新局面。

2. 教师"站起来"。通过校本教研的实施，让全体教师活动起来，每一个教师都结合自己的教育教学实际，在研究中提高认识，在研究中成长，在研究的状态下工作，从而使自己的专业得到发展，每个老师都在实施过程中"站起来"了。

3. 师生"合得来"。通过课堂教学、课程研究、家校共育、开设青年教师学术讲座、学生学法专题研讨，增进彼此了解，明确教师、家长、学生、领导的各自任务和共同目标，彼此沟通，为学生的发展创设一个良好的教育环境和科研氛围。

第二节　校本教研中的项目式管理

项目式管理是当前教育界的一个高频"热词"，这种学习形态以学习者为中心、以真实性情境为前提、以挑战性任务为驱动、以持续性探究为路径、以展示性成果为导向，改变了传统的学习方式，让参与者在一段时间内对真实的、复杂的、跨学科的问题进行探究，通过分工合作探索解决方案，形成研究成果。项目化研究有助于引发深度研讨，培养参研教师的实践研究能力，整体提升参研教师的综合素养。

课题组引入项目管理的概念，是因为项目管理的理念要求每个环节都具体、扎实、可测量。校本教研中关于教师的培养、课题的研究、教学案例的研讨、教学模式的构建、教学思想的应用、教学成果的落实等都可以分解成一个个子项目，通过项目管理的方法，让每一个子项目成功落地，从而达到让校本教研去虚向实的总目标。

一、项目架构

第一，从项目设计的角度看，依据《四川省崇州市怀远中学校本课程实施方案》，在学校省、市、区三级课题的引领下，从人员架构、学科参与、核心团队、课程建设，从外围人员到核心团队，课题组采用逐步优化、递进的机制，如图1-8

所示。

图1-8 四川省崇州市怀远中学校本研究、课程开发省、市、区三级项目递进机制

第二，从项目设计的路径看，由项目负责人利用校内外可供利用的一切资源，制定并实施项目，通过集体备课、观课议课、教学研讨、读书沙龙、案例分析、实践反思、课程研发等，在实践过程中借助资源共享、平台共建、同伴互助、技术支持和专家引领达到促进参研教师专业发展的根本目的。

第三，从项目研究的分工看，各个子项目负责人对课题组负责、对教研组负责、对学校负责，保证项目有效实施、运用、推广；项目核心成员对项目负责人负责，保证研发项目的完成，打造以科研项目带动学校整体发展的运行机制。

二、校目运作及管理

（一）理念内化

课题组的教育理论学习要结合校本课程开发的实施，有目的、有重点地进行。一是组织学习相关的校本教学研究理论、国家级和省市级优秀课题实践成果，更新教师的教育理念和教育思想；二是结合学校实际，有针对性地进行问题探究性学习，以任务驱动的模式，提高学习针对性、实效性，努力适应新高考的要求，促进教师从优秀到卓越的跨越；三是借助科研论坛、教研沙龙、观课议课的形式将教师们学习获得的一些想法和体会，以及在以后的教育教学中如何应用等问题进行深度交流；四是所有校本教研计划、分工、实录、成果、总结、反思，通过《教师专业发展手册》（以下简称《手册》）予以具体体现，如图1-9所示。

图1-9 《教师专业发展手册》

作为本课题的主要研究成果之一,《手册》就是想更好地让学科教研组、备课组,及时对学科教学研究情况、学科教学的进展信息、课题研究的各个环节进行记录和分析,及时研讨全国学科教学的新动向,及时应对新问题和新挑战,及时记录那些稍纵即逝的思想火花,优化和传承学科教研文化。《手册》共分为六个部分:教研组(备课组)组员的成果登记、校本课程、工作计划和总结、教研队伍建设、考试情况实录、学科教学研究实录。《手册》中的数据将作为教研组、备课组评价的原始资料,同时也是学校一年一度优秀教研组、课题组评选的主要依据。当然,在实践的过程中,课题组会不断优化和完善。

毕竟,学科教研组、备课组是校本教研真正的家,是教师专业成长、实现自我发展、取得同行认可的有效途径,是教研文化发源、兴起和传承的地方,是学校专业发展的支撑,因此学科教研组、备课组的建设,不仅关乎学校的学科教学水平,更关乎学校的教育教学质量和学校声誉。

(二)行动外塑

校本教研不仅需要课题组骨干教师的支持,更需要校长、教师和学生的共同参与,需要省市内外专家资源的指导,需要时间与空间的保证,需要科学评价机制的保障。因此,2017年5月开始,课题组先后邀请了四川省教科院、成都大学、四川师范大学、成都市教科院、成都七中、树德中学等学校的专家、教授积极参与校本教学研究,以此提升校本教研质量,提高学校办学特色。

从项目实施的角度来看,我们分成四步走,对校本教研工作予以具体落实。

第一步,校本教研需要一定的前瞻性,该阶段首先要组建学校校本课程教研的核心团队,然后以学年为周期做好校本教研的总体规划。例如,校内公开课方面,上半年安排青年教师优质课、校内名师研讨课,下半年安排新教师汇报课、智慧教育课堂合格课;课程标准解读方面,固定时间、地点,选择某一学科课程标准进行专家分析、共同研讨,选择某一教育理念进行学习与应用;课例范式建构方面,根据省市级类课题的研究规划,建构符合本校师生情况的课堂教学模式、导学案模式;建立各级各类评优活动的人员选拔机制等。由校本教研的核心团队参与,通过要素分析法筛选出总体规划的项目,并安排相关项目负责人。

第二步,由负责人组建项目团队、探究问题、分析问题、确定主题、分解内容、规划重点、解读标准。在此基础上拟定活动方案,包括编制程序,明确核心参与人选(主持人、项目小组负责人),分解任务(要求任务驱动、责任到人),确定时间节点,设计材料(申报、评审表格),明确研究对象、预期结果。积极解决本阶段最常见的问题，主要包括目标不明确、核心人员选择不合理、相互沟通不到位、对预期结果过于乐观等。

第三步，需要制定时间表与路线图，沟通是实施与监控的关键。在研究调研、项目前侧沟通中，项目组全体成员对目标达成共识，沟通规划，互相尊重，主动倾听，合作共赢。每次项目通气会均应由负责人及核心成员做好准备，将会议目的和议题提前两天传达给项目的每一个成员，安排好时间、地点和发言人员，形成明确的会议决定，做到有要求，有执行，言必行，行必果。

第四步，撰写项目总结报告，整理实施过程性材料，引入第三方评价机构（由课题组聘请校内专家和大学教授组成），对成果进行评估，确定成果及可推广的内容与范围，真正体现校本教研的实际价值。我们的校本教研，都是从"小"处着手，在"实"字上做文章，找寻真实的"问题点"，力求通过研究真正解决实际问题。

第三节　项目式校本教研的实践路径

校本教研，它是"为了学校"，以解决学校发展过程中所面临的问题为指向，促进教师专业成长，同时它也是"基于学校"，充分挖掘学校教师人才资源，以教师的内在需求为着力点。学校课题组根据"问题课题—设计—实践—反思"的校本教研模式，以改革为动力，以质量为中心，以管理为保证，以提升为重点，以夯实教师队伍建设为工作关键，使校本教研成为提高教学质量的新的增长点，成为提升教师整体素养的新的支撑点，成为打造学校创新教育特色的新的闪光点。

一、集体备课

五年来，课题组 9 个研究小组始终坚持问题导向，紧扣教师个体认知意识的有效转变、良好学习机制和组内合作文化的建立、基于"什么是一堂好课"的理性追求和专业引领等方面来加以设计和研究，践行校本教研研究理念。

通过校本教研过程中的组内教师之间的合作探究、思维碰撞、取长补短，以及教学资源的共同开发与应用、组内各位教师教学经验的探讨与共享，有效解决了集体备课存在的"坐"而不"合"、"教"而不"研"、"研"而不"改"及

"改"而不"实"等问题。课题组的工作成效如下。

（一）抓实了"两备两看"

一是备教材，建立线上线下研究小组工作坊，在骨干教师、种子教师的带领下，反复研读，吃透教材。不同层面备教材，细致深入读教材，高广角度开展教材；二是备学生，尊重差异，研究差点，研究学情，多种预设，因材施教，分类教学，分层教学；三是看课堂，通过课堂观察，掌握教师的执行效果和学生在课堂的表现。包括对教师课堂教学现状的问卷调查、课堂观察与数据分析、观察结论及反思；四是看反思，从集体备课的深入情况、教师个人的认同度和执行力、课后作业的改进等反思交流、整体拉升。

（二）抓实了"356"

一是做到"三定""五统一"；二是五步集体备课法：个人初备—集体研备—个人修案—课堂修案—反思修案、二次备课、成案上传，注重教案的前测和后测；三是"六统一"：同年级、同学科应统一教学目标、统一课时分配、统一教学重点和难点、统一教学进度、统一作业布置量、统一单元评价测试。

（三）建构了"集体备课行动研究"实践理论

参研教师通过集体备课实践研究，学会了观察和审视自己是怎样思考和教学决策的，从而建构起了"集体备课新七观"实践理论，包括认知观、路径观、整体观、单元观、流程观、物化观、创新观。

（四）探索了国家基础课程二次开发的实践策略

研究表明，教材编得再详尽，也不过是某一学科的提纲性架构，加上一些必要的范例。这就启示我们，在新高考、新课标背景下，为了使学科核心素养培养工作在农村普通高中学校真正落地，就需要我们课题组有效整合学科知识，联结真实情境，促进深度学习，成为实现学科教学的有效路径。这个时候，校本教研中的集体备课重要性就突显出来了，我们一行人静下心来，积极围绕以下3个问题认真思考。

一是什么是核心素养下的"以生为本"？

二是怎么有效重组单元，整合教材？依据是什么？

三是重组后的大单元架构是什么模式？

这里的"单元"，不是"教材（学科）单元"，它是"课程单元"，即有目标、有计划、有指导的学习单元，是围绕学科核心素养，对知识、技能、问题、情境、活动、评价等进行重组后形成的一个学习单位。

在课题实践中，根据国家基础课程二次开发的要求，参研教师不仅是教材的使用者，更是教材的创新设计者；课程单元应突出学科知识体系的完整性，突出适合学情的针对性。二次开发的要求是：

1. 知识结构化，问题聚焦，题目应点明这个单元要解决的问题。单元一定要有时间规定，课程与时间是密不可分的，所有课程都是有时间限制的。

2. 目标是单元的灵魂，一定要对准学科核心素养。如果一个单元都对标不了核心素养，那么学科育人就是一句空话。

3. 教师作为专业人员要设计学生如何学会的过程，即学生从不知到知、从少知到多知，需要经历怎样的学与习的过程。

4. 没有评价，就没有课程。评价任务是单元设计的关键。以单元为单位，整体设计校本化的巩固性作业、检测性作业、提高和拓展类作业。减轻负担的关键是把作业设计好。

5. 教学反思。学习的责任在学生，教师不能替代学习，也不能剥夺学生学习的权力。教师需引导、维持与促进学生学习，要把反思支架和反思路径设计出来，以便学生自己去感悟、去思考已学的知识。只有这样的经历，所学的知识才能转化为素养。

6. 成果提炼。各个课题项目小组根据研究理念以及校本课程二次开发、实践、反思之后，固化成校本教研成果，并在今后推广使用过程中，不断追踪、修订、完善。

二、推门听课、观课议课

研究认为，观课议课的核心是建设一种进取、合作、民主、创新的学校和教师文化。作为学校校本教研每周常用的方式之一，学校层面、年级分部层面提出了不少考核指标和具体要求，起到了一定程度的督促、检查和指导作用。在实践过程中，观课议课受到不少曲解、误解、浅解。从教科室、教导处和年级分部开展推门听课、课堂观察看，前期实施效果并不理想。症结何在？有教师说"不想在同事面前暴露自己的弱点，不愿意自己的备课或教学方式被别人指手画脚，也有教师存在"我不会对别人的事说长道短，也不希望别人来干涉我的工作"这种心理状态。四川省崇州市怀远中学课题组校本教研过程中基于案例研究的观课议课评价量表如图1-10所示。

授课教师	授课学科	授课课型
课堂观察中有讨论价值的细节		
观察员的教育启示、教育问题		
思维点拨、培养的共鸣之处		
授课教师的认识与见解、说课		
议课环节中评价指标、目标达成		

图1-10　四川省崇州市怀远中学课题组校本教研过程中基于案例研究的观课议课评价量表

但是，如果我们没有暴露问题、发现问题、分析问题，那问题始终存在，始终没得到解决，专业成长也就是一句空话。如果我们缺乏观课议课的有效尝试与实施路径，那观课议课的效果也就会大打折扣。根据成都大学课题指导专家陈大伟教授的意见，我们需要做到以下几点。

第一，与教师协商。观课议课行为要做到有针对性，我们建议课前充分沟通和协商，使授课教师和观课者课前达成充分理解和信任，并形成共同的观课议课主题，以引导观课方向，促进议课深入和深刻。

第二，与学生沟通。教学基本策略是以学论教，需要"到同学身边去"，了解学生的学习活动、学习状态和学习效果。彼此接纳之后，学生在教学活动中才能以更自然的方式呈现自然的学习状态，观课者收集的信息也就更加真实和有价值。

第三，要主动思考。有效的观课需要观课教师主动进入状态，积极思考以下两个方面：

一是在观察老师教的行为和学生学的行为时，必须思考授课教师行为背后的教学理念和理念追求，使我们对课堂教学的研究和讨论不是就行为而行为，而是行为和理念的统一，理论和实践的统一。必须判断和思考授课教师的教学行为是否收到了预期的效果，思考学生的学习效果与师生的教学行为之间有什么样的联系，这种思考使我们致力于从效果出发研究教学、改进过程，通过观课议课做真实的研究，追求有效教学。

二是思考"假如由我来执教，我该怎么处理"？真正的观课议课过程中，我们不能做课堂旁观者，而是要置身其中。对"假如我来执教，我该怎么处理"进行思考，一方面是让自己在观课中真正有反思、有提炼，使观察和研究一节课的过程成为自己学习这节课、准备这节课的过程，有收获、有改变。

有效议课是基于教学案例的讨论。议课的本质是参与者围绕课堂上的教学信息进行对话交流，通过对话理解对方，理解教学，并探讨教学实践的种种可能性、选择教学改进的方法和策略。因此，有效议课需要平等交流的基础。毕竟，教学活动具有无限丰富性和多种选择性，在复杂的课堂教学活动面前，我们都必须抱有"我们未必了解别人""我们未必正确""即使我们正确，正确的方法也未必一种"的谦逊。不能简单下结论，而是需要询问，需要倾听，少用句号，多用问号。

三、以赛促研、以赛促教

为切实加强校内教研组、备课组、课题组的教研教学交流，积极促进各年级分部、各学科间教师对课程、教材、教法的研究，深度探究课堂教学的实效性，充分展示省市级教育科研、校本教学资源研发、智慧课堂教学改革的成效，给教师们提供学习、交流和展示平台，进一步落实"以学论教、以学定教"的教学理念，以集体备课为平台、以学案导学为载体促进教师专业成长，全面提高教育教学质量，每学年度都会举行四川省崇州市怀远中学教师技能大赛，共计3个部分。

第一，赛前，以备课组为单位，在年级分部内部，根据学情分析，开展说课、集体备课、教案打磨、课件设计工作，主动邀请组内外骨干教师观课议课、课堂评价，提出改进意见，进行二次备课，选出优秀教师，参加校级比赛。

第二，赛中，以教研组为单位，组织全体学科教师课堂观察，欢迎其他学科教师跨学科融合教研，根据评价量表的各项指标，从不同的视角审视课堂，走进学生，走进教材，开展过程性评价。教科室负责全程录课，供教师课后反思性研究。

第三，赛后，以教研组为单位，依据课堂观察量表，从教学设计、内容呈现、目标达成、素养体现角度，开展结果性评价反馈工作，梳理问题，发现不足，形成修案。教科室组织开展校级赛课点评、微课课件制作与上传。

以2020—2021年度第十届课堂教学技能大赛暨四川省崇州市怀远中学第二届学术年会系列活动为例，项目具体细化，旨在以赛促研、以赛促教、深度研讨促成长。

项目主题：现代信息技术支撑下校本教材研发中的教研寻变。

项目内容：2020年9月至2021年7月，1学年度，共计九个模块。

第一模块：校内名师研讨课（2020年10月）；

第二模块：新进教师汇报课（2020年11月）；

第三模块：崇州市教育局同课异构赛课（2020年10月至11月）；

第四模块：树德教育集团第十六届课堂教学赛课（2020年11月）；

第五模块：高、初一 101 智慧课堂入格课（2020 年 12 月）；

第六模块：巴蜀好教育联盟同课异构赛课（2020 年 12 月）；

第七模块：高、初二 101 智慧课堂入格课（2021 年 3 月）；

第八模块：成都市、四川省一师一优课晒课（2021 年 4 月至 5 月）；

第九模块：第二届学术年会总结、颁奖活动（2021 年 7 月）。

四、春晖行动工程

作为怀远中学校本教研的一个典型保留项目，从 2014 年 9 月起，学校开始启动春晖行动暨青年教师发展论坛，开设科研论坛、结对帮扶、信息交换、专题讨论、经验分享。在此过程中，从校长、副校长到行政中层、教研组长、备课组长、课题组长，还有部分青年教师，每个人都提出自己的意见，同时也不断思考和质疑他人的意见。大家丰富着彼此的思想，不断地提高自己和同事对问题的认识，知识也因此不断地变更和扩张，在有效的讨论中每个教师都能获得单独学习所得不到的东西。

通过论坛平台，课题组参研教师在交往、交流、沟通、合作的空间中自由成长，在交往的过程中充分发展自我、丰富自我，降低了青年教师成长的时间成本，为青年教师留存一份美好的成长回忆。客观地说，在新、老教师传承这点上，我们学校的方法其实并不新，课题组所采取的导师制就是最传统的"传帮带"形式之一（结对协议见附件 1），共分三步走，效果非常明显。

一是师徒结对。每年新入职的青年教师要拜一位老教师为师，每年的教师节前后学校会举行拜师结对（协议签订、徒弟敬茶、表态发言）仪式，导师要在学科教学、班级管理等方面给予"徒弟"细心的指导和帮助。

二是遴选导师。课题组规定，要成为导师，首先，要求至少要有副高级职称；其次，要参加过两轮高三毕业班的"大循环"；最重要的是，要求专业能力较强，拥有良好的师德师风，在同事之间要有学术威信。

三是评价导师。如图 1–11 所示，每学期期中、期末都会评选出优秀师徒，每学年也都会对指导老师和被指导老师进行一个综合的评价，用量化的形式来体现成绩。具体的量化标准由教科室、教导处、德育处和办公室提供数据，教科室统筹协调。

师徒职责明确，科室分工合作，通过近 3 年的期末调考、成都市诊断考试、中高考数据分析看来，这种实践举措快速提高青年教师的教育教学和班级管理水平，促进青年教师快速成长，使其能快速适应教学工作和班级管理岗位，提升学校整体发展内涵和教育教学质量。

四川省崇州市怀远中学春晖行动教师考核细则及具体标准

统计科室：教科室

统计时间：2021 年 01 月

序号	姓名	工作计划 (5)	师德师风 (10)	教学常规 (15)	教学业绩 (25)	教学比赛 (15)	工作总结 (5)	课题研究 (15)	论文撰写 (10)	总分
1	余丝									
2	李红艳									
3	周洪西									
4	武秋云									
5	万丽									
...										

备注：考核科室：师德师风由办公室考核，教学常规和业绩由教导处考核，计划总结、技能大赛由教科室考核，班级管理由政教处考核，总分为100分。

另外，论文撰写和课题研究作为加分项目单独计入，由教科室负责考核。各部门形成具体细则后，由教科室统一汇总，交学校审定。

图 1-11　四川省崇州市怀远中学春晖行动教师考核细则及具体标准

五、三级课题助推

一个教师在成长的过程中是集千辛万苦于一身的，他们的每一步都是极为艰难的，练好课堂技艺要经受很多的磨炼，但这是非常有必要的。校本教研就是旨在解决教师在教学中迫切需要解决的、具体的、真实的难题。学校省、市、区三级课题涵盖对教法的研究，对学法，对教材的研究。课题组从学校的实际出发，从教师们的日常教育教学中的经验中提炼出的措施，具有一定的实效性和针对性。现在全校 12 个学科 195 名教师都参与了课题研究，形成良好的教育科研研究氛围，为以校为本的"校本研究"的开展，打下了坚实的基础。

我们基于实践工作寻找真实问题。怀远中学课题组已经结题的崇州市级规划课题"以'五步法'集体备课模式推进学科课堂教学的策略研究"、成都市级专项课题"教师发展导向下农村高中集体备课评价与管理实践的研究"以及四川省教育厅人文社会科学重点研究基地统筹城乡教育发展研究中心在研课题"校本课程实践追踪与反思研究"，完全切合当前学校省、市、区三级课题研究的初衷，那就是使教师从被动的课程实施者转变为积极的课程开发者，增进教师对学校课程乃至整个学校的归属感，让教师真正从工作中获得创造的快乐和成就感，成为有生命活力的专业技术人员，增强教师的课程研发意识，使其具有更强的批判反思能力，从而促进教师的专业发展，促进学生成功成才。

我们对接自我需求确定研究课题。课题组坚持以问题为导向，从项目突围，以行动跟进，在探索中发现，在研究中提高，在实践中成熟，在反思中升华。近几年研究成果如下：成都市教育局名师专项课题"高中新课程改革背景下，教师教学决策水平实证研究"，获评崇州市 2014 年教育科研评选一等奖；崇州市级规划课题"以'五步法'集体备课模式推进学科课堂教学的策略研究"，获评崇州市 2018 年优秀课题、2020 年度崇州市教育科研成果评选一等奖；成都市级教育科研专项课题"教师发展导向下农村普通高中集体备课模式评价与实施的研究"，被评为成都市教科院教育科研阶段评审二等奖；学校被评为 2017—2019年度成都市教育科研先进单位；四川省级课题"校本课程实践追踪与反思研究"经四川省教育厅统筹城乡教育发展研究中心立项，正稳步推进。

我们创设氛围积极孵化小课题研究。受省、市、区三级课题的积极影响，学校 15 名成都市级、崇州市级骨干教师主动选取了针对性强、切口小、研究周期短的校级小课题研究，既培养了学术引领团队，又浓厚了学校研究氛围。学校层面，校级名师工作室基于研究小课题所涉及的领域，为参与课题研究的教师购买相关理论书籍，并且通过建立微信读书群、每日摘录分享经典理论观点、写读书笔记、定期开展读书交流活动等多种方式督促教师读书学习，引导教师在理论阅读中反思自己的教育教学实践。工作室已经择优将教师的读书感悟和论文集结成册、印刷出版，为教师留存成长记忆。

六、研究论文撰写

任何人做事业都离不开"提炼"二字，校本教研更是如此。提炼规律、提炼精华帮我们把握课堂教学的重点、难点、美点；提炼专项材料帮我们发现规律，积累教学研究资料。对于参研教师开展校本研究取得的成果，学校和工作室都是以激励性评价为主，鼓励教师的个性化表达，从而让教师的成长看得见。撰写教学反思论文，就是教师对教育教学实践的再认识、再思考、再升华。不同深度的磨炼产生不同高度的水平，给自己多储备一些知识，让自己多增长一些学问，逼自己多培养一些能力。

研究表明，校本教研的真正"秘密"隐藏在日常教育经验之中，教师们的日常教学实践也在不断地赋予校本教研以真实的意义。课题组参研教师更多地关注日常教育经验和实践方式，通过有关教育经验的故事、口述、现场观察、日记、访谈、自传或传记，甚至书信及文献分析等，来贴近经验和实践本身。毕竟，"教而不研则浅，研而不教则空"。

我们明白，只教学不写作就会缺少高屋建瓴的能力，教师的专业成长要接受教育教学论文写作的磨炼。在课题研究推进过程中或者研究完成后，要及时总结问题解决的规律和方法，并在教研组内进行推广，从而为同类问题的解决提供经验和借鉴。2020 年度，赖环老师在《中学生物教学》发表的《生物学学科核心素养的内涵与培养策略》，刘起利老师在《中学历史教学》发表的《怎样用确证策略研读史料：基于美国教学案例"列克星顿战役"》，均是校本教研过程中的名教研组建设中的明显例证。作为学校发展的一个重要"抓手"与"武器"，名教研组建设的"名"，不仅是名气，更是内化、是创新、是提炼、是担当、是影响力。名教研组至少要有"五名"：名理念、名机制、名教师、名课程、名学生。我们就是要在研究中提炼，在研究中成熟，在研究中升华。

在这种情况下，教科室每学年度都会组织一次校级课程研究论文评审活动，择优推荐到成都市以及省级去参加评选，由此提高了教师对集体备课、校本开发、团队建设过程中的研究理念、创新机制、课程建设、实践活动、教育叙事的总结与梳理，提炼与升华，使日常教育经验的研究、总结、反思、提炼成为校本教育研究的重要手段和途径，并促进参研个体专业成长、教研组建设高效推进（见图 1-12）。

四川省崇州市怀远中学2020年度崇州市级以上论文、赛课获奖统计

统计部门：怀远中学教科室　　　　　　　　　　　　　　　　统计时间：2021年1月20日

序号	姓名	获奖名称	颁发机构	颁发时间	等级
1	苏蠡	说课视频《铜和浓硝酸的反应》	崇州市教育局	202009	特
2	张晖岚	说课视频《研究平抛运动实验》	崇州市教育局	202009	特
3	邹敏	名师工作室读书活动撰写《死——而后生》	崇州市教培中心	202005	特
4	叶荣	《在荒背的土地上，你是最美的玫瑰》	崇州市教培中心	202005	特
5	曹诚	《祝福》	崇州市教育局	2020	特
6	张永明	名师工作室展示活动课《林黛玉进贾府》	崇州市教培中心	202005	特
7	邹亮	名师工作室"好书点亮智慧"书中撰写《伟人是历史的坐标》	崇州市教培中心	202005	特
8	黄波	名师工作室"好书点亮智慧"书中撰写《地理教学研究报告》	崇州市教培中心	202005	特
9	蒋宇	《甲烷的性质》"一师一优课、一课一名师"	成都市教育科学研究院	202005	一
10	练勤	《校园农场培育学生地理实践力的探索与实践》	成都市地理学会	202005	一
11	周洪西	《基于乡土资源的高中地理情景教学研究》	成都市地理学会	202006	一
12	卓天伟	《与时俱进，构建师生和谐》	新教育时代杂志	202002	一
13	程秋菊	说课视频《粗盐中难溶性杂质的去除》	崇州市教育局	202009	一
14	曹玉和	《崇州市信息化课改实验学校个性化学习现状调查研究报告》	成都市教育学会	202009	一
15	邹敏	名师工作室展示活动课《寡人之于国也》	崇州市教培中心	202009	一
16	刘起利	论文《像史学家一样阅读的史源阅读策略与启示》	成都市教育学会	202006	一
17	武秋云	《高中英语高质量阅读课教师话语分析》	成都市教育科学研究院	202004	一
18	何涛	《高中语文阅读教学的可持续发展》	四川省教育学会	202011	一
19	陈耀霞	《浅谈高中英语写作存在的问题及对策》	四川省教育学会	202011	一
20	王林	崇州市第二届体育教师技能大赛——立定跳远	崇州市教培中心	202011	一
21	王林	崇州市第二届体育教师技能大赛——实心球项目	崇州市教培中心	202011	一
22	杨永红	《用爱浇灌心灵 用心培育未来》	成都市教育科学研究院	202011	一
23	叶荣	名师工作室展示活动课《纪念刘和珍君》	崇州市教培中心	202009	一
24	王爽	崇州市第二届体育教师技能大赛——引体向上	崇州市教培中心	202009	一
25	何涛	《诗歌鉴赏——如何读懂中国传统诗歌》教学设计	四川省基础教育学会	202011	一
26	喃明强	名师工作室展示活动课《美丽而奇妙的语言——认识汉字》	崇州市教培中心	202009	一
27	高强	《疫情常态化背景下教育变革的思考与研究》	《时代教育》发表	202007	一
28	高强	构建绿色科技生态推动学校内涵发展	《时代教育》发表	202004	一
29	于正超	基于学科核心素养的高中英语阅读教学研究	人大《中小学教育》	202005	一
30	于正超	探析高中班主任管理对策研究	北师大《中国教师》	202006	一
31	邹亮	名师工作室展示活动课《宇宙的边缘》	崇州市教培中心	202009	一
32	黄波	名师工作室展示活动课《自然地理环境的差异性》	崇州市教培中心	202009	一

图 1-12　四川省崇州市怀远中学 2020 年度市级以上论文、赛课获奖统计

第四节　校本教研成果评价

校本教研成果评价是一个复杂的系统工程，不能把其评价简单化。在这里，我们主要谈谈观课议课、推门听课、课堂教学评价环节。制定测量指标一般经历三个阶段：首先是初拟评价指标，主要参考因素分解法；其次是经过筛选得出评价指标；最后是确定各指标的权重。例如，设计课堂教学评价标准（课堂教学评价量表见附件2和附件3）的方法如下。

一是分解教育评价表中指标所包含的主要内容。例如，"教学效果"可分解为课堂气氛热烈、学生兴致高昂、师生均有满足感；课堂回答问题、板演正确率高；达到教学目标、完成教学任务、作业量适度；分层教学、各层次学生均有所得、反映良好。

二是确定标高。标高是达到标准的高度，一般有两种表示方式，一是描述性的语言，如"很好""较好""一般""较差"；二是用量化形式表示，如86～100分为优秀，71～85分为良好，55～70分为一般，55分以下为较差。

三是确定等级数量。等级数量越多，分等精确度越高。但根据校本教研实际，我们一般选择3～5级为宜，过多则很难操作。

量化课堂教学评价指标，有助于更好地分析课堂中的师生行为，提高教师的综合能力，同时也有助于评课教师系统全面地理解课堂。校本教研的内容主要包括公开课的听评、专题研讨、教科研课题研究等，以专题研讨为例，可以从问题的典型性、过程的持续性、效果的显著性、成果的共享性等方面设立A级评价指标。

对于行政人员、年级教学主任、教研组长、备课组长、骨干教师的观课议课行为，根据课题指导专家的意见和日常校本教研的积累，课题组进行统一培训，主要包括理念层面、操作层面、策略层面，便于课后交流、沟通、评价、指导，同时便于教师课后总结、反思、改进，开展二次备课甚至三次备课。

一、理念层面

（一）自主学习要求

学生的自主学习的程度如何，主要就是看学生的学习目标、方法、进度以及对结果的评价多大程度上由自己决定；看学生的学习是积极主动的，还是消极被动的；看学生有没有自学时间，自学时间有多少；看这节课中学生是否有创新。一般来说，自学课学生是容易创新的，但不是每节自学课学生都能有创新。

（二）合作学习高度

小组合作学习效度如何，主要看分组是否合理，是否有互动，是否有预设生成。合理的分组一般人数也不能过多，以4人为宜，每人都应有明确的分工，且组员之间有面对面的交流、帮助、支持。没有预设的课是不负责任的课，没有生成的课是不精彩的课，在预设中有生成，在生成中有预设。

（三）探究学习深度

从本质上说，探究学习是一种发现学习，要求在教学过程中，以问题为载体，创设一种科学研究的情景。探究学习的深度如何，主要看学生有无问题意识和提问能力以及问题的质量是否高。一节课中，学生提出的问题越多越好，说明教师善于启发，问题质量高且数量多说明学生的探究有深度。

二、操作层面

（一）想得清楚，说得明白

当一名合格教师的基本条件是什么？第一，你得想得清楚；第二，你得说得明白；第三，你有一个好的开头。根据教学目标，创设情境、激发兴趣，让学生对某一课题处于最佳学习状态或境界。俗话说："好的开始是成功的一半。"所以，一节课是否优秀，要看是否有一个引人入胜的开头。

（二）声情并茂、传神动听

我们今天很多人在谈课程改革、教学改革，其中一个观点就是把课堂还给学生。但是我们也发现，现实教学中我们有些教师变得不会说话了，这可能会造成新的问题。语言除了要准确精练之外，还要有一定的艺术性。课堂上老师需要精导妙引，"精导"即精心指导，"妙引"即巧妙引领。精导妙引就是指教师运用各种有效的手段和方法，对学生的阅读、问答、讨论、评价等学习活动，给予精心指导、巧妙引领的教学行为。其目的是调动学生的积极性和主动性，促进课堂教学目标的实现。

（三）老师言有尽，而意无穷

教师在课堂上讲的话要少，寥寥数语，却包含了无穷的意思，老师三言两语打开了孩子们一扇扇思维的窗户、想象的窗户，让孩子们尽情地思考、充分地想象，思也无涯，这是教师课堂语言的最高境界。教师在引导学生对本节课进行总结、升华的同时，激发学生对相关内容或问题产生继续学习的欲望，并使学生在课后主动收集信息、解决问题。如果说开头的艺术是为将学生引到教学胜境之中，以求收到最佳效果的话，那么结尾的艺术，就是要将教学小课堂带入人生大课堂，将最佳效果从课堂之点辐射到社会之面，达到余音绕梁、回味无穷之境界。

三、策略层面

（一）教师带着学生走向教材

针对传统课堂教师为主的问题，新课程改革倡导学生为主体、教师为主导。教师是课堂学习活动的组织者和导游，学生是课堂学习的主体，像蜜蜂一样在教材中采蜜。在课堂中师生互动，教师引领学生走进文本深处、教材深处。同样的课文，同样的内容，不同的方法产生不同的效果，差异很大。教师应充分尊重学生的主体性，设问具有开放性，需要学生思考才能回答；教师顺着学生走，而不是牵着学生走，学生从被动回答问题变为主动阐述自身的感悟。

（二）学生带着教材走向教师

学生是学习的主动者，自己学习、自己设问、自己思考、自己解决问题，当思考无法深入之时，遇到无法逾越的障碍之时，向教师请教，这是课堂教学的最高境界。牛津大学著名教授斯梯温说："我可以把马领到河边，但我无法保证他们都喝水。"当下教师在促进学生自主学习方面尚缺少一些实质性的进展。教师在课堂学习的过程中所应该起到的主要作用在于：于无向处指向，于无法处教法，于无疑处生疑，于无力处给力。

评价课堂，过去我们总是看教师讲解的精彩度，老师讲解得精彩就是好课，今天我们应该看学生的参与度，学生深度参与的课才是好课；过去我们总是强调教学环节的完备性，环节完备就是好课，今天我们更应该考虑教学结构的合理性，结构合理才是好课；过去我们总是看课堂教学的活跃度，以为活跃的课堂就是好课，今天我们更应该看每个学生是否真正进入学习状态，进入状态的才是好课。

（作者：四川省崇州市怀远中学　高强 于正超）

课题研究成果附件1：

四川省崇州市怀远中学春晖行动"师徒结对"协议书

（2020年9月）

为切实加强学校师资队伍建设，提高青年教师的教育教学和班级管理水平，促进青年教师快速成长，使其能快速适应教学工作和班级管理岗位，提升学校整体发展内涵和教育教学质量，根据学校"十四五"规划、教育科研以及教师个体专业发展实际，为进一步提高"师徒结对"的科学性、针对性、实效性，特签订"师徒结对"协议书。

一、职责

（一）指导教师职责

指导教师要恪尽职守，认真指导青年教师落实教学常规和班级管理各个环节，带领青年教师积极参加各类教学实践和学校活动，包括各级各类教学研讨会、德育研讨会、学科赛课、主题班会赛课、公开课、课题研究、论文撰写、继续教育培训以及年级和学校活动，多渠道、多角度促进青年教师的专业成长。

1. 坚持以问题为导向，指导教师根据学科特点，学期初制订指导计划，学期末做好带教、带班工作总结，指导、帮助青年教师理解、熟悉、掌握本学科教材、课标、考试说明，严格执行教学计划。

2. 指导青年教师认真做好备课、上课、作业设计与批改、课后辅导、试题命制、成绩分析、单元小结、教学反思等各个环节的工作。

3. 坚持每周推门听课1节及其以上，听后及时与青年教师交流听课心得，肯定亮点，指出不足，督促修正，做好记录。

4. 共同参加集体备课，指导、审查青年教师教案设计、课件制作，根据课堂观察环节，指导青年教师对重点难点环节做好二次备课、二次作业设计，包括作业数量、作业质量、作业批改、作业讲评。

5. 每月第四周根据教学研讨、课堂观察、听课议课、课后交流，与青年教师做好一次教学情况反馈小结工作，提出改进意见和建议。

6. 指导督促青年教师落实教师基本功训练，扬长避短，切实提升个人素养，顺利晋升高一级职称。

7. 每学月对班级管理工作开展一次面对面交流，梳理细节，指出不足，商讨对策，对症下药。

（二）青年教师职责

青年教师要明确自己的成长目标，虚心好学，尽心敬业，积极开拓进取，结合学科特点和个人实际，磨炼各项教育教学和班级管理技能，摸索出适合自身特色的教学及管理风格，成为充满教学智慧、洋溢教学热情、挥洒教学魅力、享受教育激情的校级和市级优秀教师。

1. 坚持以目标为引领，认真钻研所教学科全套教材，熟悉近三年高考试题，仔细阅读课标、考试说明，多渠道收集整理跟本学科教育教学相关的资料和信息。

2. 在指导教师的帮助下，学期初制订出学期教学计划、班级管理工作计划，学月末落实教学和管理小结，学期末做好教学和班级工作总结。

3. 做好单元设计，提前把教案设计交给指导教师审阅，并按照指导教师建议认真修改教案。虚心请教，谨言慎行，眼疾手快，务求实效。

4. 认真研究教法和班级管理方法，切实抓好课堂教学和班级常规管理的各个环节，注重细节，积极探索有效可行的方式方法。

5. 每周听课1~2节，一学期听课节数不得少于30节。听课后及时与指导教师交流，对细节部分认真探讨，重在教育教学思维过程训练与培养。

6. 每学期根据教科室和教导处安排上好一次汇报课、公开课，展示一份教学设计。

7. 根据工作实际，积极参加各级各类教学和德育研讨会、课题研究工作、继续教育培训、教学论文和德育论文撰写工作，加强总结与提炼。

8. 每学期结束后，做好结对行动总结，认真梳理不足环节，明确今后工作重点和改进措施，确保在下一学期有更大的进步。

每学期期末由教科室按照协议书职责和要求对师徒结对工作进行统一考核评价，对业绩突出的优秀对子予以表彰和奖励，并颁发优秀指导教师和青年教师证书。

结对教师签字。

青年教师：　　　　　　　　　　指导教师：

分管校长签字：

学校校长签字：

课题研究成果附件2：

四川省崇州市怀远中学校本常态课课堂教学评价量表（一）

（语文）

评价项目	评价要点	分值	得分
教学目标（10%）	1. 难易适度、准确，学生经过努力能达成目标	10分	
	2. 教学内容适合学生的知识基础和能力层次		
	3. 能体现鲜明的课型特点		
教法（10%）	1. 能根据教学的内容选择合适的教法	10分	
	2. 体现教师的主导和学生的主体性；面向全体，因材施教		
	3. 教学手段恰当，能充分激发、调动学生的思维和积极性		
学法（10%）	1. 能调动已有的知识积极参与学习，自主和探究意识较强	10分	
	2. 能形成一定的学习方法、学习习惯和学习能力		
教学过程（40%）	1. 能创设恰当的教学情境和学习氛围	40分	
	2. 有意识地引导学生进行语文知识的积累和运用，以及基本能力的训练		
	3. 教学环节清晰，步步紧扣，能很好地体现出设计的意图		
	4. 以生为本，活动充分，形式多样，能调动学生已有的知识积累和生活经验积极参与教学全过程		
	5. 重视在教学过程中对学生思维品质的培养		
	6. 能根据课型特点有效地引导学生知识系统的构建和能力的形成		
	7. 教具、学具、媒体，切合教学实际，使用得当；板书设计简洁，概括性强，重点突出，直观形象		

评价 项目	评价要点	分值	得分
教学 基本功 （20%）	1. 教态：大方、得体	20分	
	2. 语言：表达准确、生动，逻辑严密		
	3. 学科素养：学科内容非常熟悉，无知识性的错误		
	4. 媒体操作：熟练、规范		
	5. 书写：规范，板书工整		
教学效果 （10%）	1. 教学目标有效达成	10分	
	2. 不同水平的学生都能得到不同程度的提高并获得发展		
	3. 有一定的语文知识的积累，并能在语文活动中加以运用		

听课人签字：

四川省崇州市怀远中学校本常态课课堂教学评价量表（二）

（数学）

评价项目		评 价 指 标	得分
教学目标 （20分）		1. 明确、具体、全面，符合课程标准和学生实际，配套具体活动内容和方式	
		2. 重视学习习惯的养成和自学能力、综合运用数学能力的培养，并能有效地激励和指导学生正确认识数学的价值	
		3. 目标意识强，能从目标出发及时恰当地调控教学，并注意生成目标的达成	
		4. 充分挖掘数学教材中的教育因素，寓思想教育于教学之中	
教学过程 （60分 每个二级 指标均为 15分）	自主参与	1. 学生主动参与到学习新知、解决问题的活动中去，在"做中学"	
		2. 学生主动参与的广度、深度和参与时间达到一定要求	
	有效互动	1. 师生平等地对话、沟通，教师较好地发挥了促进者、指导者和合作者的作用	
		2. 学生在自主学习、独立思考基础上的小组讨论、合作学习	
		3. 师生、生生不仅有语言、动作方面的交流、碰撞，更有思维、情感方面的融洽、交流、碰撞和成果的共享	
	经验建构	1. 学生获得对数学知识的真正理解，能用精确、简约、形式化的数学语言有条理地表达与交流数学内容	
		2. 学生能建立不同知识之间的联系，把握数学知识的结构、体系，并能综合应用所学知识从实际情境中抽象出数学知识，能应用数学知识解决问题	
		3. 学生的数学思维能力、想象力得到一定发展；学好数学的自信心、勤奋、刻苦以及克服困难的毅力等品质得到有机培养	
	情感体验	1. 学生获得了成功与进步的积极体验，兴趣浓厚，热情高涨	
		2. 学生能有效地进行感悟体验，在感悟体验中获得能力提升	
		3. 学生积极地提问、质疑，有独到见解，创新品质得到培养，创新思维得到激发，创新个性得到发展	

续表

评价项目	评 价 指 标	得分
教学行为 （20分）	1. 教师能有效地开发和利用教科书及其以外的课程资源，如自身资源、学生资源、社会资源及图书等媒体资源	
	2. 教师积极创设学习情境，能依据目标有效地指导、启发、调控、强化学生的自主学习、合作学习和探究学习	
	3. 教师教态亲切自然，有感染力，善于与学生进行情感交流，讲解、提问、指导语规范得体	
	4. 教学结构合理，教学环节得当，教学反馈有效，每个教学环节都扎实有效	
	5. 教师教学技能娴熟，教法灵活多样，能面向全体学生，兼顾个体差异，能从学生的不同需要出发组织和实施教学	

四川省崇州市怀远中学校本常态课课堂教学评价量表（三）

（英语）

一级指标	二 级 指 标	得分
教材把握 （15分）	1. 话题与话题知识、语言知识的内容与关系解析、阐述是否准确、清晰，是否体现了课标精神与教材特点 2. 本节课的内容与模块的关系是否理解清楚、完整 3. 教材设置的学习过程与原理是否理解清楚，表述正确	
学情掌握 （10分）	1. 是否从学生知识基础、认知水平与特点、学习习惯与方法三方面解析学生的现状，找准有利、不利的学习因素 2. 对学生的发展是否持积极的态度	
目标设置 （20分）	1. 目标设计与规划是否完整、科学、可行 2. 目标设计与规划是否体现了教学课型特点与要求 3. 目标设置是否体现了课标要求、教材内涵与学生发展的实际需要有效的结合	
媒体使用 （10分）	1. 多媒体教与学内容紧密相扣、关联程度高 2. 多媒体使用时机恰当、有效服务于学生的学习 3. 课件简洁清晰、美观实用，并和传统板书相辅相成	

一级指标	二级指标	得分
教学过程（30分）	1．学、教过程预设是否具有一节课的完整性，各环节间是否具有联系（如任务型学习：任务前、任务中、任务后，任务型阅读教学：读前、读中、读后，情景交际法教学：输入、内化、输出） 2．是否清楚地阐述各活动的设计原理与预期目标 3．是否在各个环节或学教活动中预设了明确且可操作的学生活动与教师指导 4．是否预设了积极的评价要求与及时的学、教反馈 5．学练活动的预设是否体现了科学性、有效性、可操作性与任务、目标的落实	
教师表现发展潜质（15分）	1．语言流畅、清晰、准确，具有极强的表现力与感染力 2．思维灵活、逻辑性与思辨性强，思想积极、现代 3．专业基础知识扎实、综合知识与专业素养强 4．具有一定的教育学与心理学素养且探究意识与研究能力较突出	

课题研究成果附件3：

四川省崇州市怀远中学智慧教育课堂观察评价量表

（平台 环节 资源 工具）

执教者	执教者单位	学科	授课内容或课题名称	日期	

评价项目		评价标准	权重	得分
发布任务前置学习25分	课前任务	根据教学目标，为学生匹配合适的程序性学习资源 发布资源包括：微课（短小精悍）、导学案（学习任务单）、小测验、思考题、讨论题、学法建议、知识衔接等之中的一项或几项（查平台、看资料）	10	
	自主学习	学生针对课前任务，独立学习、自主学习、有效学习；按要求完成学习记录、心得体会等	10	
	学情反馈	对预习效果、存在问题等进行平台互动反馈（查平台、看资料）	5	

执教者	执教者单位	学科	授课内容或课题名称		日期
评价项目		评价标准		权重	得分
课中环节教学活动 65分	学习展示	根据教学需要进行前置学习完成情况和成果展示；教师梳理聚焦当堂学习目标展示；师生之间课中互动展示；学生之间组内研讨、班级分享展示；前置学习中的疑问、总结的有探究价值的规律和方法展示等等（课堂观察）		20	
	合作释疑	围绕学习目标，针对疑难问题，教师设计合适的交互策略为学生提供合作交流机会，或由小组互动探究释疑；或由教师点拨、引导、鼓励、搭设台阶释疑；或由教师提供解决问题的思路方法策略，引发集思广益而释疑等。让学生思维动起来，让合作释疑有效开展（课堂观察）		20	
	练测内化	限时随堂练习、达标检测或自主纠错。练测可选择口答、书面和平板等形式；可随机抽答、抢答或小组讨论后抽代表回答；让学生真正理解、应用、内化当堂知识（课堂观察）		10	
	总结提升	教师引领学生对知识点进行归纳梳理，对方法规律进行总结，让知识的理解应用水平提升到更高层次（课堂观察）		10	
	反馈评价	注重对学习过程的评价，让定量评价和定性评价、个人评价和小组评价、自我评价和他人评价之间良好结合，激发学生学习的自信心、内驱力和团队精神（课堂观察）		5	
课后任务 5分	个性拓展	个性化资源平台有利于学生进行个性化、自适应查缺补漏学习，帮助学生内化知识、提高能力，教师应在减少统一课后作业的前提下指导和督促学生使用（看课堂、查平台）		5	
工具使用 5分	恰当运用	智慧教学系统及其工具；平板电脑及其工具；个性化资源平台及其工具；其他多媒体教学工具（看课堂、查平台）		5	

研究反思与实践追踪

1. 校本教研中，对于一节好课的评价，除了开头引人入胜，结尾余味无穷外，很重要的一点，就是教师精导妙引，用艺术性的手法有效地调动学生学习的积极性和主动性，活跃课堂气氛，有助于课堂教学目标的实现。所以，在课堂教学中，教师应精心指导、巧妙引领，该"出手"（开头）时就出手，该"收手"（结尾）时就收手，努力做到"收放自如"。

2. 实践中，教研组内每个教师都有自身的优点和缺点，而且不同的人特点不同。集体备课时，教师相互之间要扬长避短、取长补短、深度研讨，把自己的长处发挥得淋漓尽致，终有一天会达到"随心所欲，顺其自然"的境界。包括专家教授在内所提出的很多很有价值的意见或建议，不能"照搬"，要根据校情、学情落实得恰到好处。

3. 专业成长的道路上，我们要根据理论学习、省市培训、课堂观摩、课程研发，批判性借鉴他人的细节处理，艺术性地运用到教学研究实践，在别人意想不到的地方"露一手"，以达"豁然开朗"或"拍案叫绝"之效。但我们始终要相信，无论运用什么方法，探寻什么策略，触动心灵的教育才是最成功的教育，这才是我们需要的课堂教学，这才是我们着力推动的校本教研。

国家课程校本化是学校省、市、区三级课题的首要研究模块，课题组通过集体备课、实践评估、资源分析，理清研究思路，提炼核心理念，确定校本课程开发、追踪与反思总目标，形成了学校今后课程建设的总体思路：遵循新高考对提升学生素养的要求，结合"树德求真，怀远务实"的办学思想，开发"三需"课程。一是因人施教，满足学生青春期身心成长的"普需"；二是因材施教，满足学生兴趣特长发展的"特需"；三是因学施教，满足学生升学考试的"刚需"。五年来，课题组努力创设真实的研究情境，探索项目化研究，培养师生在真实的工作、学习与生活情境中发现真问题、解决真问题的能力。本章节，我们把参研学科关于集体备课过程中校本教材开发的经验予以梳理、提炼，便于反思，利于优化。

第二单元　国家课程校本化

集体备课助推语文课堂阅读教学的策略研究

研之道，在于战胜原来的我，改进路向；究之道，在于超越原来的我，建构思想。校本研究过程中，高中语文课题组建设走在了学校前列，硕果累累。《学海方舟——怀中精品导学设计》系列丛书4册在学校高2016级、2017级运用推广，效果显著，学术专著《高中语文高考宝典》正式出版。语文教研组被评为成都市优秀教研组，课题组成员邹敏老师、邹亮老师获成都市级赛课一等奖，课题组主要研究员陈光辉老师获崇州市师德标兵称号，并接受崇州电视台专访。高中语文课题组19名参研人员始终坚持以问题为导向，以集体备课为主要研究平台，对于在新高考的改革背景下，如何通过集体备课提升学生的语文群文阅读能力，增强学生的综合素养，有深入的研究和深刻的体会。

2014年教育部研制印发的《关于全面深化课程改革落实立德树人根本任务的意见》中指出"教育部将组织研究提出各学段学生发展核心素养体系，明确学生应具备的适应终身发展和社会发展需要的必备品格和关键能力"。教育部基础教育课程教材专家工作委员会确立了六大学生核心素养，其中一条为增强学生人文底蕴，具体包括人文积淀、人文情怀和审美情趣等基本要点，而这些素养的最终形成都离不开语文阅读潜移默化的影响。

阅读能力是一个人综合素养的体现，它与人文文化的培育有关。只有让学生对我国优秀的历史文化有一个广泛的认识和深刻的积累，才能激发个人探索各个领域的奥秘的热情，为中华民族伟大复兴奠基添瓦。

阅读教学在整个中学阶段占有十分重要的地位。阅读是语文课程的基础，只有掌握一定的阅读能力，学生才能进一步锻炼和发展自己的写作能力。与其他学科教学内容相比，阅读能力作为基础更为重要，它直接关系学生对数学、生物、化学等学科的理解，直接影响到政治、历史和地理课程的学习。根据笔者的观察，在语文、政治、地理、历史等所谓的"文科"科目方面表现良好的学生，基本上都具有较高的阅读水平。因此，培养和提高学生的阅读能力势在必行。

语文教师在实际的教学过程中，阅读教学已经成为语文课的主要内容，它占据了更多的课时，耗费了最多的精力。教师大量教，学生大量做，这是阅读教学过程中常见的方式，然而从语文教学的整体效果来看，收效甚微。阅读教学到最后成为学生、教师不愿触及的伤心之地，因为学与不学，学生得分都差不多，甚至让部分学生和老师都感觉语文阅读学与不学都一样。针对语文阅读教学存在的问题和解决方法，笔者从以下两个方面进行探讨。

首先，学生没有良好的阅读习惯。语文阅读教学中通过有计划、反复的专题化式训练，达到良好稳定的能力是一种常用的教学方法，该方法本身是可以理解的、有用的和必要的。问题在于，很多老师自觉或不自觉地践行了"填鸭效应"。所谓"填鸭效应"，是把学生当成鸭子一样喂满食物，不管"鸭子"们是否主动觅食、主动消化，"主人"们都是一次性地"填充"尽可能多的"食物"。落脚在课堂上，就是尽可能详细地分析课文，做到事无巨细，以免有丝毫遗漏。虽然有时我们试图激发学生的热情，但这个过程也是由教师组织的。教师设定了他们想要达到的目标，如划分段落层次、归纳层意、概况主旨。学生们沿着老师预定的那条线走，缺乏主动性和思考力。学生变得过于依赖他们的教师，当他们接触到阅读材料本身时，便只会机械地分析文本。

当前的中高考形势下的命题中越来越多地体现了问题的开放性，此时学生的阅读能力必将面临更大的考验。如果仅仅将缺乏这种能力归因于学生的阅读能力差，而尽量加大训练的力度，必然事倍功半，阅读能力也难以提高。究其原因，我们可以发现这是因为学生没有形成良好的阅读习惯。

培养良好的阅读习惯是伟大的教育家叶圣陶一贯的语文教育思想。他认为学习语言和文学需要养成良好的习惯，只有养成这种习惯，才能被视为具有这样一种生活的能力。他说：语文教学的目标是培养读书的习惯，培养鉴赏文学的能力，培养写作能力。

在对中国优秀学生的考试调研中发现，这类优秀学生都有自学的习惯。一般来说，他们都有课前预习、阅读和思考的习惯，都有自觉勾画课文重点、摘录名句的习惯，都有翻阅工具书和参考书的习惯。可见，良好阅读习惯的养成，对学生基本知识的掌握和能力的提高，都至关重要。对此，我们不能将学生的眼界局限于课本，而是跳出教材、跳出课堂，大量的课外阅读，能拓展他们的视野，积累他们的语言知识，不知不觉地提高他们的阅读能力。而那些在其他学科中取得良好成绩却无法更进一层的人，很大程度上是因为他们只注重课堂上所谓的"实践"，而忽视了适当的课外阅读，只知道读死书、死读书。全国著名的特级教师魏书生，非常重视建立阅读教学课程，如为学生提供一门新的语文教科书，为学生每个学期开设固定的作业。魏老师为每个学生制定了语文教学常规，并始终坚持实施，使学生养成良好的阅读习惯。坚持养成良好的阅读习惯是发展阅读能力的重要前提，它将有益于人的一生。

其次，教师没有形成正确的教学理念，违背了语文教学的基本规律。吕叔湘先生曾说："阅读课也好，作文课也好，都流行一套程式。"这里说的就是我们教学中常提到的套路、模板。目前，通行的语文阅读课程是按照这样的操作模式进行的。老师要求学生圈出生字词；给自然段标出序号，以便定位；要求学生画出要点和疑问，然后思考文章要写什么，以及如何揭示主题。乍一看，这种教学方法似乎是从易到难，逐步深化，从一个点到另一个点，这与语文教学的特点是非常一致的。可是这种教学方法违背了由整体到局部再到整体的原则。如果以这样的方式教学，老师抄袭参考书的内容，就能轻松完成一堂课。但同时，也毁掉了一篇非常完美的文章。可以说，被选进中学教科书的文章，每一篇都是美丽的，如果用这种方式教学，就好比打破一面完整的镜子，而这面镜子则象征着完整的审美情怀。

可是，在具体的课堂教学环节里，课题组参研教师应当怎么做呢？又有什么要求呢？

一、要把握文章的整体与细节

作为一个语文教育者，研究词汇的发音和意义当然不是第一步，我们必须理解作者想表达的思想和情感。如果我们能够把握全文，就可以跟上作者的思路，更深刻地理解文章；如果我们失去了文章的完整性，那我们想要真正理解文章和作者将成为奢谈！

二、有必要精细化阅读

在阅读教学中，把握一开始的整体性，有助于我们充分把握文章的旨趣和作者的意图。下一步的任务是学习汉语的基本知识，分析其比喻义、象征义，以及言外之意，这样可以提高我们基本语言的知识能力。精细化阅读过程也是形成良好阅读习惯的过程。

在具体的教学过程中，教师应注意阅读方法的指导。教师应在阅读过程中要求学生既要勤奋学习、圈点勾画、摘词抄句，又要记笔记和写心得。读书同时进行写作，可以使阅读更透明、更灵活、更细腻、更深邃一些。使学生养成良好的阅读习惯，不仅有利于语文教学，而且有利于整个中学基础教育的阅读，也可以有效地开发大脑潜能。

需要强调的是，我们必须在这个过程中建立起一个整体的概念，不能分离词、句子、段落，甚至文本。因为这些字和词，是需要特定的语言环境才能传达出作者的写作目的。另外，让学生划分段落和层次，能更好地把握文章的内涵和意义。从段落层面的框架结构出发把握文章的内在联系，可以更好地把握文章的语境和作者的意图。在这个过程中，教师应该引导学生理解段落之间的内在联系，从而使学生对文章有更高的理解。

三、在语文阅读教学中应注意创新问题

近几年，提问设计法非常盛行。不管是校内公开课，还是市级、省级示范课，都越来越重视教学过程中的"问题设计"。这是一种良好的教学模式，可以从多个方面培养学生的能力。但在这个过程中，也暴露出了许多问题。往往一堂课充满了问题，课堂气氛很活跃，但课文的主要思想、内容却很少得到深刻的把握。学生很难从文章中找到重要和有用的信息。针对这一问题，校本教材《学海方舟》（见图2-1）（高中语文必修教材怀中精品导学设计系列丛书）提炼了这一领域的研究成果，以下几点引起了课题组各位参研教师的关注和重视：

第一，虚拟问题，引导学生对知识的渴求。一个班级的成败是学生是否能积极思考。虚拟提问是鼓励学生提问、表达不同意见、主动解决问题的开始。只有把他们的积极性、主动性激发出来，才能更有效地使语文课上得有内容、有意义。当我在教《祝福》时，我设计了这样一个问题："我们在'优美的汉字'中探究过字体的演变，现在大家来认一认，这个甲骨文是什么字？"我通过汉字"祭"字由甲骨文到简化字的演变过程，引导学生对标题"祝福"的理解，顺其自然地引入鬼神、祭祀与"祝福"的关系，进而帮助学生理解"祝福"含义，以及文章中神权对鲁镇百姓的影响，进而探究文章中的反封建主题。

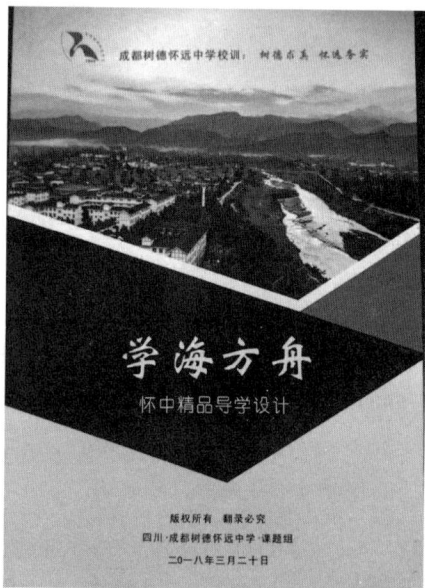

图2-1　《学海方舟》

第二，注重提问的激发，培养学生的创新思维。提问的灵感也是启发性教学的要求。启发性课堂提问的设计要求教师认真研习课文，从参考资料中选择有效信息。启发性的课堂提问能激发学生的主体作用，激发学生的潜能，促进学生全面、主动地学习，培养学生的创新能力，以及分析和判断语言的表达。有人说，读鲁迅小说的人一定都认识阿Q。笔者在一次教研课中聆听一位同仁讲授鲁迅的《阿Q》时提问："在他所写的人物中最喜欢阿Q，他为什么喜欢呢？他如何塑造这一形象的呢？当我们读到悲剧的时候，眼泪总是无法控制的，但是当我们读阿Q的真实故事时，眼泪就不出来了，为什么？"这一系列启发性问题自然会引导学生创造性思维的培养，达到意想不到的效果。

第三，突出重点，优化课堂教学结构。生动的课堂教学不一定是启发式教学，效果可能不好。目前，随着科学技术的飞速发展，课件和多媒体已逐渐应用于许多语文教师的课堂教学中。然而，它们的作用还有待研究。

其实启发式的教学并非是方法，这种形式更多的是一种教学的指导思想，所以设计具有启发式的教学应注意以下三点。

（1）学习教材、掌握教材，找出文章的主要推动力和要点。

（2）设计问题要有启发性，能激发学生的思维，避免程式化、形式化的问题。

（3）设计问题要有外延，使各种问题都有内在联系，使学生的思维得以拓展。

四、形成师生相互提问的氛围，做到平等提问

传统的教学模式中教师是主导，教师根据课文设计的内容提问，完成教学任务，然而，如果教师按照这种模式长时间教学，学生很容易形成一种依附性思维模式。除了传统的教学模式，教师在教学中应当鼓励创新，让自己成为幕后"操盘手"，而让学生成为教学中的主要环节，让学生学习课文、提出问题，这有助于培养学生探索未知的习惯。

（作者：高中语文课题组　张永明）

文章点评

华东师范大学终身教授钟启泉先生有一段话说得好："教育改革的核心在于课程改革，课程改革的核心在于课堂改革，课堂改革的核心在于教师的专业发展，教师的专业发展在于校本教研，校本教研的核心在于集体备课。"这段话要求我们牢牢把握校本教研模式创新这个方向点，紧紧抓住课程规划与实施这个关键点，找准深化课堂教学改革这个突破点，贯彻提升教师专业发展这个切入点，快速用好集体备课助推校本教研这个支撑点。

高中数学学科如何进行有效集体备课

研究之数在积累，起于专注一个目标的积累；研究之数在过程，在于坚守一件事情的行动。在学校课题组的总体引领下，高中数学学科研究小组现已开发《冲刺本科》（见图2-2）、《高中数学必修一》（见图2-3）、《高中数学必修二》3册校本教材范式。

本文基于校本教材开发中集体备课的认知、实践与反思，源于对研究过程实践的深挖，对高中数学集体备课中出现的典型问题进行深入探讨，并提出相应的解决方案，辅以案例进行讲解，以期对今后高中数学教学、校本教材开发提供方法上的指导。

图2-2 《冲刺本科》

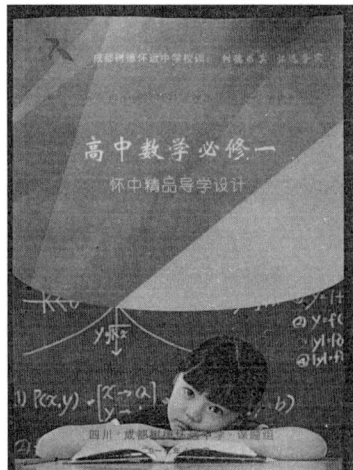

图2-3 《高中数学必修一》

高中数学是一门相对来说较难的学科，对学生的抽象思维要求较高，在实际教学过程中必然会遇到很多问题，而高中数学老师在集体备课的过程中可以不断对问题进行讨论与交流，从而找到最优化的解决办法，这有利于教学质量的不断提高。所谓集体备课，指的是学校的教师在事先制订的准则之下，重新拟合教学方案，相互之间统一进度和目标的过程。相对于传统的教师独立备课来说，集体备课需要教师之间有更高的配合与协作，它可以不断促进教师综合素质的提高，从而提高学校的师资水平。

一、高中数学如何进行集体备课

第一，学校需要组织集体备课的相关教学培训工作，对教师集体备课进行督导。在新课程标准不断实施的背景下，想要进一步提高高中数学教师集体备课的效率，一方面需要从观念上入手，抛弃过去的落后观念，不断增强教师之间的合作与交流，在备课中，不断增强教师的集体意识。同时，学校也应大力组织教师进修学习，帮助教师学习运用新的教学理念、教学方法，从而从根本上提高集体备课的能力。在另一方面，学校也需要制定相关的制度来对集体备课进行管理。学校应成立集体备课监督组，一方面制定符合学校实际情况的集体备课细则，另一方面对老师的集体备课工作进行指导与监督，从而稳步推进集体备课工作的展开。监督组需要对教师的集体备课工作进行定时的检查，对于备课工作较好的教师应当给予奖励，对于备课工作较差的教师需要给予批评和惩罚，以此来充分调动高中数学教师的集体备课积极性。

第二，集体备课的核心在于实践。对于新时代的高中数学教育来说，学生是课堂的核心，教学的目的在于解决学生学习中的实际问题，集体备课的目的就在于要更好地提高学生的综合素质，可以在实践中帮助学生成长。教师在集体备课中，要明确教学目标，注重培养学生的情感态度与价值观，集体备课面向的不是优等生，也不是差等生，而是全体同学，需要统筹兼顾。对于高中数学教学而言，培养学生的抽象思维能力与自主实践解决问题的能力是重点，因此教师在集体备课中应在此方面有所体现，同时结合学校学生的实际情况，积极引导学生，培养学生的合作与交流能力，锻炼学生的自主探究能力。

集体备课前，教师需要对授课内容有详细透彻的把握，清晰教学重点、教学难点，从而进行有针对性的准备工作。集体备课中，教师应根据学生的实际情况对教学进度进行合理的安排，对于教学内容应从生活中出发，以此激发学生的热情，避免一味地进行枯燥的理论讲解。不仅如此，对于课后作业教师也应精心安排，课后作业作为课堂学习的一种巩固、补充，不仅可以帮助学生更好地理解课堂知识，也可以帮助教师了解学生学习情况，因此有针对性的作业可以大大提高课堂效率。

第三，创新化的备课工作。对于传统的集体备课来说，往往是由学科备课组长提出一个教学模板，再由其他教师进行补充与修改，这种方式虽然可以提高备课效率与质量，但较为枯燥，教师往往兴趣不高，后期容易浮于形式，因此，集体备课工作必须不断进行创新与改革，采用多元化的备课形式，提高教师的工作热情，从而不断提高教师集体备课的质量。例如，可以采取轮换授课的方式，由不同的教师进行授课，原授课教师和其他教师根据课题组提供的课堂观察量表，记录授课教师在上课过程中出现的问题与优点，然后在课后进行议课总结，同时授课教师也可以发现不同情况的学生对于自己教学工作的接受程度，从而改进本班教学工作的难度与深度。此外，还可以通过问卷调查的方式，了解学生对于教师授课情况的印象。

第四，建立、健全奖惩机制。集体备课是全体教师共同努力的结果，汇聚了全体教师的共同智慧，集体备课有利于教师之间的教法交流，从而有利于提高教师的备课质量，形成更多优秀的教学方案。特别是在高中数学的课堂上，很多高效的教学方法都是出自集体备课，是众多高中数学教师集体工作的成果。因此，建立、健全奖惩制度对于提高教师集体备课的积极性具有重要意义，对于积极的优秀的教师必须给予奖励，对于消极怠工的教师采取惩罚措施也是必不可少的。

二、抓取典型试题，全面深化总结

第一，例题对于教学的重要性不言而喻，而例题有好有坏，因此需要进行筛选，以实现利用较少的练习促进能力的最大化提高的目的。首先，教师要了解学生的基本学习情况，包括学生的知识储备、学习经验等，根据情况筛选符合学生能力的例题，避免难度太大而无法动笔和难度过小而无法提高能力。同时要了解学生的兴趣所在，将兴趣作为切入点，便可事半功倍。其次，教师应重视例题的纠错性，通过该问题，让学生暴露自己的缺陷所在，是概念不清还是方法不明，以使在未来教学中更有针对性。最后，例题的选取可以与生活相联系，以实际问题作为起点。学生在应对此类题之初可能稍感手足无措，但教师进行适当点拨后，学生便能恍然大悟、思路开阔、触类旁通。通过做此类优质的例题，学生处理实际问题的能力也能得到显著提高。

第二，数学教学中例题教学是必不可少的，也是重点工作，尤其是高中数学教学，典型例题具有巨大的价值，教师在实际的教学工作中必须抓取最典型的例题，举一反三，帮助学生通过例题全面地把握知识。如下的一个例题：

已知定点 $A(0, n)$，（n 为正整数）以及线段 EF，EF 长 $2n$，此时线段 EF 在 x 轴上移动，$\angle EAF = \theta$，求：（1）$\angle EAF$ 的外接圆的圆心 C 的轨迹方程。（2）$\angle EAF$ 的外接圆圆心在上述运动过程中能否使 θ 成为钝角？若可以，求出 C 点的运动范围或位置；若不能，说明理由。

由题目我们可以发现，第（1）问的设问较为简单，而第（2）问具有相当大的难度，在解决第（1）问的基础上完成第（2）问便相对容易一些，但是解决问题的方法有很多种，要找全所有的方法就非常复杂困难了，此时，需要教师运用集体的智慧，找到所有的解决方法。教师在集体备课时，首先应对问题进行了解和分析，每个教师都应亲自尝试动手解决这个难题，然后再进行集中的讨论，从而找到所有的解题方法，在集体备课的过程中，教师相互之间可以充分地进行交流，用想法相互碰撞产生火花，从而提高教师的思维水平。另一方面，教师之间的交流有利于资源的共享流动，从而均衡学校内部的师资水平，有助于年轻教师更好更快地发展与进步。

先对第（1）问进行解答。设圆心坐标为 $C(x, y)$，不妨设 E 点的坐标为 $(x-n, 0)$，F 点的坐标为 $(x+n, 0)$，

∵ $|AC| = |EC|$，

∴ 得到 $(x-0)^2 + (y-n)^2 = y^2 + n^2$，然后对这个等式进行整理，得到 $x^2 = 2ny$。

对于第（2）问来说，通过集体备课的方式，我们可以用以下几种方式来进行解决。

第一种方法，利用余弦定理。设 E 点坐标为 $(m, 0)$，那么 F 点的坐标为 $(m-2n, 0)$。根据余弦定理可以得出：

$$\cos\theta = \frac{|AE|^2 + |AF|^2 - |EF|^2}{2|AE||AF|}$$

因为 $|AE|^2 + |AF|^2 - 2|EF|^2 = 2(m-n)^2 \geqslant 0$，$|AE||AF| > 0$，所以 $\cos\theta \geqslant 0$，又因为 θ 是三角形的内角，所以 θ 不能为钝角。

这种方法对点的坐标进行了灵活设计，利用余弦定理使得问题得到很好解决，也容易让学生理解和掌握。

第二种方法，利用向量法。我们可以用向量的知识来对第（2）问进行解答。设 E 点坐标为 $(m, 0)$，那么 F 点的坐标为 $(m-2n, 0)$，得到 $\overrightarrow{AF} = (m-2n, -n)$，$\overrightarrow{AE} = (m, -n)$，因此 $\overrightarrow{AF} \cdot \overrightarrow{AE} = m(m-2n) + n^2 = (m-n)^2 \geqslant 0$，

也就是 $\cos\theta = \dfrac{\overrightarrow{AE} \cdot \overrightarrow{AF}}{|\overrightarrow{AE}||\overrightarrow{AF}|} \geqslant 0$，所以 θ 不能为钝角。

这种方法也是对点的坐标进行灵活设计，不仅加强了对实数与向量知识的运

用，而且让学生更好地理解向量之间的夹角，把各个知识点联系起来，灵活应用，使学生能够在学习中综合运用各种方法解答问题。

第三种方法，利用圆周角和圆心角的关系法。我们利用圆中同弧所对的圆周角与圆心角之间的关系来进行解答。圆心 C 所在的方程为 $x^2=2ny$ 和 x 轴相切且在 x 轴的上方，所以 $\angle EAF$ 所对的弧为劣弧或者半圆（如图所示）。

由此知，$\angle ECF = 2\angle EAF \leqslant \pi$，所以 $\angle EAF$ 不能为钝角。

这种方法结合了解析几何与平面几何的理论，用平面几何的知识来对问题进行解答，看上去像是一道证明题，但在运用这种方法进行解答时，学生的思维领域能够得到极大开阔。

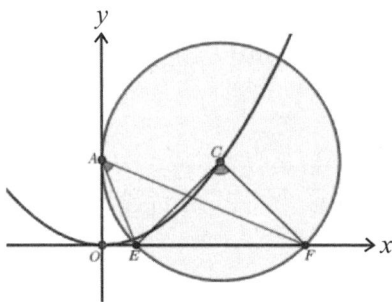

以上三种解题方法，是通过集体备课集结了多位数学教师的思维结果，使得不同的教师在不同的班进行讲解时，能够根据本班的具体情况，选择一种方法进行详细讲解，然后把另外两种方法作为补充告诉学生。这样，教师在给学生讲课时，就能够做到胸有成竹，能把例题讲解得更加透彻，使思路更加清晰，能有效地激发学生的思维，使课堂教学质量与效率得到提高。

在高中数学课题研究中，无论教学方法如何改变，学生仍然是主体，因此任何问题的讨论都不能脱离学生。目前暴露在高中数学教师面前的严峻问题在于怎样利用教材实现课堂的高效化，而集体备课为这一问题提供了解决方案。在高中数学课堂中运用该方法，可以集合大家的智慧，使得研究资源共享，经过反复讨论思考，反复推敲每一个细节，得出一个完美的方案，促进共同进步。

（作者：高中数学课题组　周芳）

文章点评

在教育实践中，没有任何人是孤立存在的，学校也不能成为技术的孤岛。组内教师优势互补、合作探究、深度研讨，尤其是"互联网+"的今天，信息技术平台支持下的集体备课新模式，更是实现教师专业成长的有效途径。本文结合教学实践，探讨了集体备课提高课堂效率的方式方法，值得在高中数学课堂研究中进行推广，激发师生思维，打造一个相互学习相互进步的高效课堂。

高中英语集体备课的案例操作与实践反思

源于初衷，以研究的方式推进教学，以教育的方式开始研究；成于实践，作为怀远中学优势学科，英语课题组紧扣崇州市级、成都市级、四川省级三级课题，以真问题、真情境、真研讨为导向，以集体备课为主要研究平台，开发了《名师点拨堂——高中英语核心词汇解读》《24个话题作文》《高中英语语法专项突破》3册校本教材。本文从集体备课、校本教材开发出发，与大家分享高中英语课题组如何开展深入有效的教研活动、创造性地实施新课程、促进教师专业发展及全面提高课堂教育教学质量的实践案例。

学校课题组在"以'五步法'集体备课模式推进学科课堂教学的策略研究""教师发展导向下农村高中集体备课管理与评价实践的研究""校本课程实践追踪与反思研究"课题研究中，紧扣以学科备课组为单位应该怎样备课的主线，开展研究工作。下面，笔者从两方面谈一些个人体会。

一、对集体备课的重新认识

（一）集体备课与其他教研形式有机结合

1. 与教研组的公开课活动相结合。通过集体备课，集思广益，将个人才智转化为集体优势，增强了集体备课的实效性。集体备课又使公开课有可观性，有评论价值，有学习借鉴之处。促使教师在参与中探寻，在探寻中思索，在思索中改进，在改进中体验并成长。

2. 与教学反思相结合。通过说课、上课和听评课，针对教学效果和存在的问题与同伴交流反馈并进行自我反思，能大大提高教师的业务能力和教学素养，让教师能积累一定的教学经验。

3. 与教研专题研究相结合。在每次集体交流中，我们不仅讨论教案，还结合学期教研专题进行研讨。

4. 与专家引领相结合，实现与校本培训的有机结合。"三人行必有我师焉"，每次活动都安排校本培训指导组成员参与，提高集体备课的质量。

（二）集体备课的侧重点体现校本教研的目的

集体备课到底备什么？通过近两年实践，我们认为应该在教学过程中抓住以下几个方面，才能更好地体现校本教研的最终目标。

1. 备教学理念。各学科都有其基本课程理念，只有把理念弄清，备课的内容、方法等才有正确定位，从而使课堂教学在教学改革中与时俱进。

2. 备教学目标。教学目标是课堂教学的灵魂，老师在课堂教学过程中要心中有目标，关注目标的真实达成度，并对教学做出有针对性的调控，教学目标制定好了，备课的方向也就明确了。

3. 备教学重、难点。掌握学生已有的知识水平是上好一节课的基础。准确把握教材的重、难点是上好一节课的关键。

4. 备教法设计与学法指导。创设有效的教学情境使学生学会学习，主动地获取知识与技能。

5. 备练习设计。对不同学习层次的学生设立必做题和选做题。以满足不同学生的需要。

（三）集体备课的具体实施步骤

概括说来，集体备课组学期初制订好活动计划，做到"四定"，即确定每周的活动内容、确定活动时间、确定活动地点、确定中心发言人（主备人）。在备课组长的整体安排下进行每一期的活动。

每次集体备课过程包括"五步流程"，以英语备课为例：开学第一周分配任务并启动集体备课，第二周的星期二集体交流草案，该周内形成定案并进行组内公示，第三周的周二进行听评课活动，周五前完成教后反思。同时安排好下轮活动。两星期为一周期，如此循环。

1. 个人初备，形成草案。

（1）每次集体备课由指定的教师为主备课人（也是中心发言人），同年级的教师为辅备人。

（2）主备课人根据备课内容进行准备，包括钻研教材、搜集资料、了解学生、设计教法和学法等。要求教师钻研教材、设计教法和学法时，不必写详案，而是个人在某个环节的独特见解或是对他人教案某些认同章节的摘录、修补。

2. 集体研讨，完善方案。

（1）主备课人读课程标准、读教材、读教学用书后对教材的分析。

（2）主备课人介绍自己设计的教学方案。包括教学目标的确定、教学内容的整合优化过程、教学方式、教学手段、设计意图、教法学法指导等。

其他教师根据自己对教材的理解和钻研，对主备课人的教学方案进行讨论，提出意见或建议。在此环节，教师们各抒己见，交流探讨。

3. 二次整理，公示定案。

（1）由主备课老师根据大家的发言进行再次整理，形成集体备课的教学方案。如高二集体备课组，陈耀露设计的阅读理解之细节理解解题技巧，课件和导学案前后修改了三次，使课堂教学达到较好效果。

（2）将二次定稿及时公示，供备课组成员参考、借鉴。

（3）安排好本次评课的主评老师。

4. 公开授课，听评交流。

（1）坚持先说课后上课。上课教师要事先写好说课稿，上课前，由执教老师进行说课，所有听课教师全部参加。

（2）听课教师认真做好听课笔记，除了记录上课过程外，还要对课堂教学各个环节进行评价，将评价写在听课笔记中，上交教导处。

（3）评课时，先由执教老师作简要教后反思发言，再由各位听课教师进行议课，最后由主评老师进行主评（每位执教老师都安排一位主评老师）。

5. 反思总结，提升素养。

每次活动后，执教教师根据听课教师评课意见进行反思总结，写成书面反思材料，上交学校。

教师们反映，参加集体备课活动，特别是评课发言、教后反思等，很大程度提高了他们的教学素养。

（四）集体备课的成果与前景

由于抓好、抓实集体备课的各个环节，我校初步形成了切合我校实际的校本教研模式，教师之间相互学习、彼此支持、共同成长的学习研究氛围日趋浓厚。每位教师每学期都能做到"六个一"，即主持了一次集体备课，写了一篇优质教案，说了一次课，上了一节公开课，主评了一节课，写了一篇有一定质量的案例反思。这种教研模式，取得了一定成效。通过集体备课，教师对学科各学段的目标及联系有了明确认识，教师的专业水平尤其是独立备课能力得到明显提高。在成都树德集团赛课中，中青年教师踊跃参赛，卓天伟老师获得了成都市二等奖。在崇州市举办的青年教师赛课中，余飞老师获得了崇州市一等奖。此外，许多老师通过集体备课，对如何主评一堂课、如何写好专题发言讲稿、如何写好教学案例反思等都有了较深刻的理解。

二、校本教材的开发

第一，《高中英语话题作文》（见图 2-4）教程覆盖了全国考试考纲重点词汇，分别编排在 24 个话题之下。参与编写的老师们深入研究了教材和新课程标准，同时借鉴了相关资料的知识精华，力求使该书成为一本更实用、更全面、更长久的学习宝典。该书以导学案的形式呈现，围绕 24 个话题收集相关的词汇、短语、常用句型，让学生动手去完成，避免被动复习的低效和枯燥。

本教程共计六个部分，功能结构如下。

第一部分：与话题相关的词汇，同学们需要动手将与本话题相关的词汇的中英文意思查找并写出来。

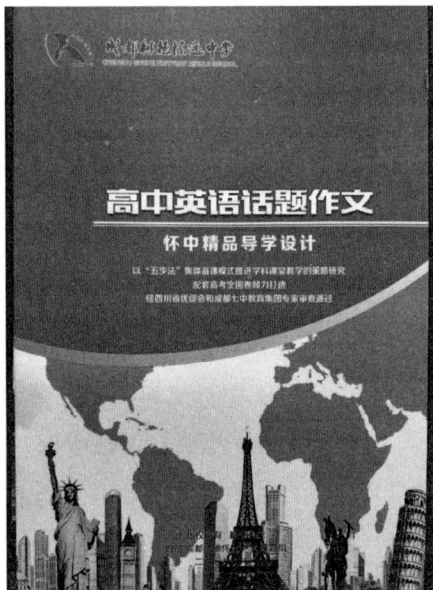

图 2-4 《高中英语话题作文》

第二部分：与话题相关的短语，和第一部分要求一致。

第三部分：话题常见句型，要求同学们读背并恰当地使用在自己的作文中。

第四部分：按要求补全句子，本部分要求同学们根据语法知识或重点句型提示补全句子。

第五部分：高分作文必备，精选与话题相关的高考题或模拟题，要求同学们找出范文中的亮点句子并加以模仿使用。

第六部分：作文模拟训练，望同学们在训练中让自己的作文飞起来。

第二，《名师点拨堂——高考核心词汇解读》从学习心理、学习规律、记忆方法、重点词汇解读等方面，详细辨析和解读了高中英语必修教材的全部重点词汇。本书在谋划、架构、编写、设计、排版、校对、审阅等过程中，课题组老师们数易其稿，付出了巨大的心血。

编写小组采取分工合作的方式，以模块为单位，明确编写目标，制定详细的教材编写方案，并做好需求分析和资源分析、参考材料的选定及校本教材的编写等工作。主要包括：词汇梳理、词性转换、短语搭配、易混易错词汇比较、相关句型结构、高考链接等。每个模块后配置了课后限时训练习题，题型丰富多样，贴近各个模块实际，包括选词填空、语段填空、单句翻译、短文改错。

该教材从高 2012 级开始运用，在高 2014 级、2017 级推广，效果显著。对于怀远中学整个高中阶段词汇教学环节具有重要的引领和推动作用。

第三，《高中英语语法专项突破》（见图 2-5）源于高考英语听力、完形填空、阅读理解部分，需要运用坚实的语法基础来分析句子结构，理解长难句，书面表达环节更是需要灵活地运用语法知识来遣词造句。本书具有以下特点。

1. 紧扣高考，合理编排。

课题组在研究历年真题的基础上，将高考语法点系统化和条理化，把原本分散的知识点进行提炼加工、专题归纳，并从历年高考真题中精挑细选了一些典型例句，帮助同学们迅速领会高考语法的要点和难点。此外，在每章节末附有小练习，帮助同学们强化考点，攻克难点。

图 2-5 《高中英语语法专项突破》

2. 语言精练，可读性强。

本书在语言陈述上，经过仔细推敲，做到语言精练，避免了机械地罗列语法知识要点，既保证语法知识的准确性、科学性，又考虑语言的可读性，力求简洁明了、通俗易懂。

3. 重点突出，针对性强。

课题组把复杂的语法知识按考点归类为 12 个专题，归类时，重点、难点和易混点明确，在需要的地方加上必要的讲解。不会超讲基本考不到的知识，也不会漏讲出现频率不高的知识点，力求重点、难点突出，详略得当，针对性强。

4. 选句经典，实用性强。

本书所采用的例句，除了选自近几年高考真题外，还精选了一些地道的、实用的高频例句，同学们若能潜心研读、反复回味，必能举一反三。

（作者：高中英语课题组　孙丽琼）

文章点评

校本教研过程中，学生层面，做到差点梳理、问题导向，要有效发展学生整体的学习力，提高学生的核心素养；教师层面，做到集体研究、合作探究，要帮助参研教师突破工作品质和工作成长的瓶颈，推动他们成为学科骨干教师；学校层面，要对学校的基础课程进行统攻，避免出现形式表面化、结构碎片化、特色低档化的状态，加大课题研究力度，开拓学校发展新格局。

以导学案为依托，优化集体备课模式

——高中历史学科校本教材编写模式说明

中共中央国务院《关于深化教育改革全面推进素质教育的决定》指出："要调整和改革课程体系、结构、内容，建立新的基础教育课程体系，实行国家课程、地方课程和学校课程。"在这个背景下，高中历史课题组 8 名教师结合学校实际，采用集体研讨、分工合作、编写导学案的途径推进集体备课，开发校本教材。经过 5 年多的实践研究，在实际教学中取得了一定成效。本文结合省、市、县三级课题研究实践经验，阐述如何在编写校本教材《高中历史必修三》（见图 2-6）过程中优化集体备课以及依托导学案推进集体备课的优势，敬请各位同行指正。

一、明确新课改下高中历史集体备课的价值取向，确定导学案基本模式

新高考全国卷明确指出："注重考查在科学历史观指导下运用学科思维和学科方法分析问题、解决问题的能力，关注培养学生的学科素养、人文素养、主体意识、生成思维、创新精神和实践能力，突出对历史学科的核心素养的考查。"基于此，在传统教学模式下，教师仅凭一本教学参考书，依靠自身的教学经验根本无法应对新课改提出的要求。因此，集体备课在新背景下显得尤为重要，它成为贯彻高中新课程理念的重要保证，也是新时代教师应达成的共识。

首先必须明确集体备课的内容。（1）备教材：分析教材重难点是备课的前提。在"一纲多本"的体系下，要求教师吃透教材内容，敢于对教材的顺序做适当的调整，大胆增删教材的内容，在符合课程标准和考纲的前提下，充分发挥教师的能动性。（2）备学情：学生是教学的主体，集体备课离不开对学情的分析，否则就会陷入形式主义的弊端。我校属于农村学校，生源较差，大多数学生存在基础知识薄弱的问题，因此我们在集体备课中十分重视基础知识的落实。（3）备方法：所谓"教无定法，贵在得法"，教学方法的运用直接影响教学效果。新课改中提倡"自主、合作、探究"的学习方法，这就要求在集体备课中教师应当

注意根据教学内容和学生的实际情况，采用恰当的教学方法，提升学生的自主学习、合作学习、探究学习的能力。

其次，结合以上情况和教学效果，课题小组经集体商讨，确定了导学案基本模式。

【课程标准】和【重难点】对本节内容的课程标准及重难点进行分析，这样不仅可以让学生在预习中注意该部分内容，也可以在课堂中引起学生对该部分内容的重视。

【学法指导】明确要求学生依据导学案通读教材，进行知识梳理，勾画书中的重点语句，弄清知识结构，引导学生有效利用导学案。

图2-6 《高中历史必修三》

【自主学习】以填空形式对课本知识进行简单梳理，要求学生看书后完成填空并准确记忆，落实基础知识。

【问题探究】每节的探究问题都是围绕该节的重难点而设置，同时围绕探究展示相关史料。一是可以通过探究的方式突破重难点。二是可以通过小组讨论培养学生的合作能力，体现学生的主体地位。三是可以培养学生论从史出的思维，提高学生阅读材料、分析材料的能力。

【知识拓展】补充重要的历史概念，渗透历史核心素养，补充学术界的一些最新研究成果，拓展学生的思维。

【知识结构】这部分要求学生结合本节所学知识自己构建本节内容的知识结构，以培养学生的动手能力、时空观念和整体意识。

【高考链接】选用全国各地比较有代表性的高考题、模拟题，进行精练和精讲。通过练习题，进一步落实知识点。

二、在导学案的编写过程中推进集体备课的具体步骤

在确定导学案基本模式的前提下，经过半年多的学习、摸索，我们基本形成了一套编制导学案的程序，这个编制程序也就是集体备课的过程。

（一）研读教材、合理分工

开学之初，备课组长将教师集中起来对教材进行细致讨论。依据课程标准，

宏观梳理全书的线索，并对教学顺序的处理提出意见。以人民版《思想文化史》为例，"中国传统文化主流思想的演变"专题一和"近代中国思想解放思潮"专题三在内容上具有承上启下的关系，经讨论我们一致决定打破教材顺序，在专题一之后讲专题三，这样更有利于学生宏观把握古代和近代思想的演变。然后根据教学时间，统一教学进度，制订全组的集体备课计划，并将教材内容按课进行分工，明确每位老师编写导学案的任务。

（二）个人初备，形成导学案和课件

每位教师根据自己的编写任务，提前两周对负责的课题进行分析和资料收集。然后按照导学案的基本框架，结合学生实际，编写该课题的导学案。在编写过程中，一方面可以依据该课题具体内容对导学案模板进行删减，灵活处理内容，避免导学案的僵化；另一方面避免照搬照抄教学参考书或网络上的导学案，必须结合自身的教学实际，合理编排内容，保证每一课导学案的质量。

此外，负责教师除了编写导学案外，同时还需要制作与导学案配套的课件。随着信息技术的普及，大多数教师都是采用多媒体上课。此举，既可以充分发挥导学案在教学过程中的作用，避免其他教师不能合理地将导学案的各个环节与教学环节结合在一起，从而影响导学案的效果；又可以有效避免导学案成为应付检查的形式工作，有利于实现导学案的常态化。

（三）集思广益，集体研讨

集体研讨是课题组集体备课的核心环节，也是导学案最终定稿的中心环节。首先，负责教师将提前制作好的课件和导学案上传QQ讨论群，每位教师下载并进行研读，形成自己的建议和修改意见，以便在集体研讨会上提出。然后，备课组长提前一周召开集体研讨会，一般包括三项内容：第一项内容是由主备教师介绍对教材的解读、备课的主要思路、教学环节的设计、导学案内容设计思路、突破重难点的方法以及自己在备课中遇到的问题和困惑等，第二项内容是由备课组长组织大家对主备人的教案和课件提出建议和修改意见，第三项内容是由备课组长总结每位教师的意见和建议，并进行最后的研讨和商议。

（四）二次备课，上传共享

主备教师结合集体研讨的成果对自己的导学案和课件进行最后的修改及完善，最后上传QQ群供每位教师下载使用。当然，就像古语云："尺有所短，寸有所长。"每位教师具有自己独特的教学风格，每个班级的学生也有各自的特点，知识基础层次存在差异。这就需要每位教师灵活使用课件以及导学案，可以根据自身和本班学生的实际情况，做适当的修改，优化教学过程，实现导学案的最大效益。

（五）课后反思总结，整理成册

"实践是检验真理的唯一标准"，教学过程是教师、学生、教学环节等诸多因素的整合。在这个过程中学生作为有思想的主体会给课堂带来许多之前没有预设到的新情况，这就需要教师们在课后对课堂中遇到的问题和新情况进行反思总结，对课件和导学案进行最后的修改和定稿，最后整理成册，作为课题组集体备课的成果保存。

三、依托导学案，推进集体备课的优势

经实践表明，集体导学案备课是促进教师合作探讨的有效模式，在推进集体备课方面具有显著的优势。

第一，明确集体备课目标，提高教师参与积极性。在推进集体备课过程中，往往存在教师们参与度较低和积极性不高的问题，使得集体备课流于形式，成效不大。以编订导学案为依托，可以细化集体备课中各个教师的任务，目标明确，教师的积极性自然就提高了。同时，导学案作为集体备课的成果展现，也能增强教师的成就感，进而提高教师的参与度。

第二，有效凝聚集体智慧，实现资源共享，充分发挥集体备课的作用。每位教师各有所长，教学经验也各有不同。在集体备课中可以进行优劣互补，特别是老中青不同年龄阶段的教师，在这个过程中可以实现老带新，新促老，教学相长，相互促进彼此的专业素养的提高。此外，一个人的眼光和思维毕竟有限，而集体备课可以通过讨论和交流，达到拓宽思维，进而优化教学设计的目的。以往传统的集体备课模式只能以理论的形式对教师发挥作用。而通过导学案和课件的制作就可以将集体备课优势以实际的成果呈现出来，并实现资源共享，帮助每位教师解决教学过程中最直接、最具有针对性的问题，切实推动教学水平的提高。

第三，有效减轻教师和学生的负担。要上好一堂历史课，需要大量的史料和最新的史学动态来充实。而我们仅靠教材和教学参考书是达不到这一要求的，这就需要教师花精力去寻找资源。那么通过集体编制导学案并配套课件，可以有效实现分工合作、资源共享。这样既提高了教学设计的质量又减轻了教师的负担，一举两得。此外，由于每个教师的教学经验不同，部分教师因为害怕遗漏知识点而盲目扩大教学内容量和作业量。通过集体备课编制导学案，就可以有效聚焦重

难点，选取典型例题，提升学生解决问题和发现问题的能力并最大限度减轻学生的学业负担。

（作者：高中历史课题组　刘起利）

文章点评

高中历史课题研究小组这个教研共同体，以合作探究为基本模式，以集体备课为主要平台，合作编写导学案并配套制作课件，这是优化集体备课的有效途径的探索，最大程度发挥了集体的智慧，并使这一智慧以实际的物化成果呈现出来，在驱动个体成长的同时，推进了历史学科课堂教学向纵深发展，值得其他各个小组学习借鉴。

高中化学学科集体备课过程中
校本教材开发成果提炼
——以习题课校本编写策略探索与实践为例

校本课程的开发与建设，是基础教育课程改革的一项重要内容。在学校省、市、区三级课题研究的引领、推动下，高中化学校本课程开发小组进行了一定程度的尝试与探索，从 2016 年 7 月起，历时 5 年，高中化学课题组 12 名参研人员通过研究、实践、追踪、反思，不断优化组内校本教研、集体备课、课程研发、实践追踪与应用新模式，组织编写了配套校本教材《高中化学（必修 1）》、《高中化学（必修 2）》（见图 2-7）、《高中化学（选修 3）》、《高中化学（选修 4）》、《高中化学二轮复习考前三个月 7+1 练习》（见图 2-8）5 册。该套教材在高 2015 级、2016 级的运用推广，促进了参研教师在集体备课、校本课程研发认识上与操作上的意识转变，促使教学方式方法得到优化，真正实现了校本课程特色化、特色

图 2-7 《高一化学（必修 2）》

图 2-8 《高三化学二轮复习
考前三个月 7+1 练习》

课程使用价值最大化。本文以习题课教学策略分析和实践为例，具体阐释高中化学学科校本课程开发的原创探索。

一、开发思路研究

（一）校本教材编写步骤

第一步，为教师提供平台，让教师带着自己的设想，给学生开设校本课程。对教师体会深刻、学生反响较好的课程进行跟踪，鼓励教师积累教学素材，形成教材雏形，做到边实践、边修改、边完善。

第二步，对教材雏形进行运用实践，使其形成特定的风格，经过学校认定后，对比较完善的教材，进行规范印制，并全校推广使用。

第三步，对比较成熟的教材，聘请专家进行审定和论证，如果专家认可，则可以推荐给出版社正式出版。

（二）教材编写的注意事项

1. 在整体设计上思考。要满足"四个有利"的原则：有利于丰富学生经历，有利于开阔学生视野，有利于发展学生个性，有利于学生自主选择。要做到：具有核心概念，反映学习过程，体现教育价值。

2. 从课程角度进行梳理。要明确：本教材建设的背景，本教材的三维课程目标，课程内容（包括内容呈现方式、内容框架结构，要做到心中有数），课程的实施（大约需要多少课时，教学的具体形式和手段等），评价的设想和做法。

3. 先设计一个单元样章，进行交流和研讨。每一个单元要有哪些板块，教师要做到心中有数。不能把很多资料堆砌在一起，不能将所有的内容都呈现在教材之中，如果这样，教材就变成科普类读物了。要在使用教材的过程中，给教师留下引领的空间，给学生留下思考和探究的空间，要体现"以生为本"的设计思想。

二、具体操作实践

（一）校本教研，将教材与资料习题高度统一

新课改以来，根据"化学课程标准"出版的高中化学教材中的一些资料习题已经与新教材不相配套，甚至严重脱轨，不能满足现实要求。针对此问题，高中化学教师作为新课程实施的主体，只有致力于校本教研，拓宽自己的知识面，并通过对"化学课程标准"理念、内容、目标的学习，结合学生的学习规律，将资料中的习题与根据"化学课程标准"出版的新教材高度统一，才能与时俱进，和

新课程共同成长。北宋改革家王安石说："世之奇伟、瑰怪、非常之观，常在於险远。"只有克服重重困难险阻，才能登至峰之巅，看到更美丽的风景。新课程、新教材、新教育、新理论、新观念、新课堂、新习题是新课程革新的核心内容。

高中化学教师只有从"化学课程标准"出发，依据学生对新教材的理解与接受程度，以及学生智力因素（知觉、记忆、思维、注意力等）与非智力因素（情感、性格、意志、学习动机等），进行认真、严谨、科学、有所选择地编写出资料和习题。这样才有助于提高课堂习题训练的质量，使教师这个神圣的称谓，不仅仅是知识的传授者，更是教育理想的创造者和实现者。

（二）减量增效，搜集讲评最具代表性例题

化学习题多如繁星，化学教师要搜集典型、有代表性、最具指导意义的习题作为例题进行课堂教学，做到以一当十，这样不但可以将知识点进行浓缩，减少习题的量，而且由于例题特殊的代表性，学生可以抓住解题关键，对所涉及的知识点产生顿悟，迅速理清解题思路与方法，通过对例题的深入剖析可以举一反三、触类旁通，在观察、分析、思考的过程中发现问题、探索问题、解决问题，教学效率必然事半功倍。

将化学知识点进行分类，采用多元化方式搜集出最具代表性习题：行动法（定位化学知识点—选择代表性习题—拟可行性解题方案—解题过程—结论与反思）、文献参考法（查找与化学知识点相关的各类文献，掌握目前对该理论的研究贡献，旁征博引，多方举证，温故知新，探索解题新思路、新方法）、观察总结法（观察渗透理论，从理论分析、概括出解题原理与方法，形成经验，经过总结得出解题结论）。化学教师要对例题重点进行透彻理解，以此题为基础，设想习题的可变性，但是大致的解题思路是不变的，以不变应万变。这样学生在遇到此类题型时，才会成竹在胸，一挥而就。

（三）解题后评价，反思中将知识内化为发展能力

解题可运用"一题多解""错例分析""变题讨论"，经过形式多样的解题新途径、新方式，可以不断地丰富学生速解、巧解的解题经验，有利于提高解题的速度。解题后的评价分为三种：教师评价、自我评价、相互评价。这几种评价都是建立在"以学生发展为本"的基础上的，评价形式是动态的、开放的、公平的、公开的，强调学生在解题的过程中，探索新方法。

整个实施过程，以理解为主，遵循多角度、多样化、全面性与发展性原则，即对学生在解题过程中的言行举止、学习意识、能力、态度、价值观做出评定，

真正将"化学课程标准"提出的知识、技能、过程、方法、情感、态度与价值观有机地融合起来。通过解题后评价，对于自己在解题过程中的表现进行反思，对自己的学习情况会有一个清晰的了解，及时发现并改正缺点，发扬优势，全面提高化学素养与延伸解题的运用能力。

综上所述，新课程下高中化学习题教学的有效进行体现在，化学教师应该转变观念，立足研读"化学课程标准"，积极进行校本教研活动，理解新课程新教材中的新理念，创建化学教学新课堂，化学习题要"少而精"，以点带面，使用例题教学法，增强教学实效，在实施多元化解题后的评价中，以学生为主体，以教师为主导，促进学生在反思中进步，在总结中提升。

（作者：高中化学课题组　竹有为）

文章点评

本文指出，高中化学新教材的内容是以素质教育为导向的，习题是教材的组成部分。通过化学习题的分析与解题，可以将化学知识点进行总结和归纳，知识重点得到强化，在思维与速度得到拓展与提升的同时，形成辩证的思维模式，有利于培养学生的观察、推理、归纳以及解决问题的能力，彰显出化学学科特有的科学魅力。

研究表明，教师的教学永远是为学生服务的，为学生服务，你就应该思考学生的感受。我们不难发现，课堂上，各学科教师都愿意站在学生的角度去思考，研究教材，研究教法，走进学生，反思路径，探讨对策，让有效的课堂教学真正发生。

校本课程特色化是学校及省、市、区三级课题研究的重要模块，学校特色发展或特色学校的持续推进对于改变"千校一面"的学校形态有着重要意义。五年来，在市内外专家团队的引领、指导下，学校课题组秉承"树德求真，怀远务实"的办学理念，借助集体备课这个主要研究平台，深度研讨，持续发力，以艺术特色课程、智慧教育课程、书法课程、心理健康课程、生涯规划课程等 10 余门课程为主干的校本课程研究体系已经初现雏形。本章节，我们从课题组版画课程、智慧课程的研究出发，探索农村中学特色课程建设的方法。

第三单元　校本课程特色化

农村普通高中特色课程
开发的实践探索与反思研究
——以四川省崇州市怀远中学艺体特色课程建设为例

基于校情、学情、生情，根据《国家中长期教育改革和发展规划纲要（2010—2020 年）》"注重教育内涵发展，鼓励学校办出特色，办出水平"的理念指引，怀远中学课题组用行动跟进，以"普需、刚需、特需"三需课程为抓手，通过 5 年的实践探索，循环实证，在课程规划和课程实践中决策和生成特色课程，让特色课程助推学校品质提升这一发展模式落地生根。在教育研究实践过程中，我们遇到了很多困扰与瓶颈，但课题组集思广益，群策群力，在艺体特色课程建设上走出了一条属于自己的路。

一、特色发展前提，回避理念误区

特色发展的初衷是为学生搭平台。在前期3次问卷调查中，大多数师生都特别认同学校特色发展的必要性，但对于为什么要进行学校特色发展的回答却各有不同，如"上级部门要求让这么做的""对学校和自己都有好处""总归没有坏处，不会吃亏"等。可从本质上说，对于怀远中学这类农村普通高中而言，艺体特色发展是教育改进的一种有效途径。我们必须具备以下三点改进基础。

1. 有特色课程体系为核心支撑。

2. 有办学传统和办学理念为价值前提和沉淀形式。

3. 加强艺体教研过程中的组织管理，为孩子们找到一条成才的出路。

但我们深知，这个过程需要学校有足够的耐心、坚强的意志、持续反复的思考、修改和完善原有框架的能力和意识。倘若把艺体特色发展视作机会，却不愿意下大力气，同时存有"不能不做"的心态，只是选择"听起来上级容易接受""容易做出成果""吸引人的""具有宣传效应的""不需要花费太多精力的""功利"等色彩明显的捷径，再加上偏重材料的整理和写作、轻视实际工作的落实和推进，学校特色发展可能永远都是空中楼阁。

二、特色课程确立，校长身体力行

核心课程改革和特色课程打造，不是靠一两年就能改变的，当然三年也未必能改变成功，其中最大的难关是校长。如果校长对学校改革持消极态度，那么就算用了三年，最终也是徒劳。反过来，如果校长持积极支持态度的话，三年计划无论在哪个学校都是行得通的。

校长作为学校课程建设团队的核心人物，要善于理解师生的情绪和需求，身先士卒，战斗在第一线，用具体行动体现领导魅力，如利用开学第一课、主题班会课、教工运动会、学生艺术节等方式，通过自身的活力和激情去感染学生，去影响教师。有个事实我们不得不承认，在普通高中学校，学校圈子相对较小，活动平台单一，校长的一言一行总会成为舆论焦点并被广泛效仿。榜样的力量是无穷的，如果校长身体力行、率先垂范，很容易就激发起课题组成员的崇敬感，为引领团队课程改进增添凝聚力，让特色课程的需求确立水到渠成。

三、特色课程实施，重心层级下移

重心下移，那就是年级分部。在校长课程领导力的引领下，特色课程不仅充分体现了国家意志，更是充分体现了学校的办学思想、办学理念、办学愿景。目前，怀远中学课题组采取的是"科研兴校、质量立校"的办学策略，以"参与、共享、有效"为核心，推行扁平化管理模式下的"中心"和"分部"建制，通过整合资源，减少了中间层级，强化了服务功能，极大地优化了课题组管理功能和组织效能。

这种推行年级分部式的领导管理模式，将年级各种管理事务按照项目分类，组成各种不同类型的项目小组。实践中，根据参加实验学生兴趣的差异性，教师个人爱好和特长的差异性，课程内容、课程环境条件的差异性等，选择有个性、有魅力、有影响的教学策略。对课程实施中可能出现的各种问题进行合理预设，并根据实际情况，做出合理判断；对课程实施中存在的问题进行全面梳理和准确把握，分析成因；对课程建设及后期实施，提出对策与建议，进一步提高特色课程实施的水平和质量，让特色课程所追求的教育价值根植于学生学习过程之中。

当然，在实施特色课程建设的过程中，我们还需要正确处理以下两方面关系。

一是继承传统与改革创新的关系。学校传统是学校在自身既往的发展中逐步积淀而成的，有其优势所在。在学校特色发展过程中，首先要对办学传统、办学理念、教师团队、招生政策等因素进行历史梳理和全面分析，以便利用优势进行突破与创新。从根源上讲，改革创新是从学校自身传统和现实中自然生长出的。

二是质量提升与特色发展的关系。那种"为特色而特色"的行为，如迎合上级部门有关规定做出所谓"政绩"，是不可能让学校真正走上独具特色的发展之路。真正以质量提升为前提的学校特色发展应该是学校对潜藏在教育深处的教育情感和个性气质的挖掘，是以学校自身的方式诠释教育发展规律，以具有内在目标价值的逻辑体系指导学校追求卓越、为学生提供适应个性化发展需求。这与盲目、片面、表面化的学校特色发展以及急于求成、强行或者刻意制造特色的学校建设完全不同。

四、特色课程评价，用数据说话

课程评价，用数据印证。在具体实践操作过程中，我们要把握好如下3个细节。

一是对课程设计进行评价。由学生、教师、家长、社会四方联动，才能有效开展课程评价。从课程理念评价、课程内容评价、课程结构评价出发，确认课程理念是否符合社会主流教育价值观，确认课程内容是否满足学生的个性化发展及学校特色发展的需求，确认课程结构是否遵循了知识发展形成的脉络，体现了知识之间的逻辑关联，符合学生认知规律、知识储备。

二是对课程实施进行评价。实践中，我们要将侧重点放在学生的"学"上，充分赋权于学生，通过自评、互评、接受家长评判等方式进行评价。体验是学生自主参与课程学习与评价的过程，探究学习和合作学习则是学生体验的载体，学生的兴趣在体验中得到强化，智慧在体验中得到发展，学生在体验与创造中进一步认同自己的实践能力与创新才华。这种评价体现出了学生在课程评价中的主体性，将生本思想融入课程评价，也侧面反映了特色课程的价值追求。

三是对课程效果进行评价。一方面要观测，通过特色课程实施，是否促进了学生的个性发展，是否满足了不同层次、不同兴趣爱好的学生的个性化学习需求。具体地可以通过观测学生在同一课程实施中参与度的变化，对同一科目前后参与热情的变化，学生对同一科目前后学习兴趣的变化等。另一方面要观测，通过特色课程的实施，是否促进了教师的专业发展，特别是是否唤醒了教师的课程意识。

在这个评价过程中，唤醒教师的课程意识，需要借助各种资源，应用多种方法，开发特色课程，教师需要努力提升自身的专业素养，以课程建设为载体，向着特色教师发展。特色课程的实施是否得到了家长的高度认可，得到了社会的广泛好评，在一定区域内产生了广泛影响，从而提升学校的美誉度，那就得用数据来说话，用指标来印证，主要包括参赛获奖情况、教学业绩、中高考数据。

（作者：艺体课程课题组　黎元德 于正超）

文章点评

特色课程建设，从发现资源到挖掘特色体系构建，是一个不断实践、长期探索的过程。作为过程，则要经历由小到大、由量变到质变、由局部到整体、由幼稚到成熟的、连续的、纵深推进的历程。在这个过程中，必然会面临诸多困惑与瓶颈，需要课题组拥有一双双善于"捕捉"特色的眼睛，一个个将特色发展为课程的头脑，做到有计划、有步骤、有反思，坚持不懈，为之付出心血、汗水和智慧，直至成功。

论民间美术在高中美术课程中的重要性

——以人美版《美术鉴赏》木版年画为例

美术教学是高中课程的重要组成部分。高中美术不仅仅能够增强学生的专业知识素养，还能够培养学生对艺术的欣赏能力。随着近几年来新课改的实行，教育不仅加强了学生对知识的掌握要求，更是加强了对学生鉴赏能力等综合素质的要求，因此美术教学显得更为突出和重要。鲁迅曾说过：民族的才是世界的，才是有生命力的，而民间美术是民族文化的重要组成部分，其对于当代的中学生、未来时代的引领者，定是一门必修课程。

人美版《美术鉴赏》教材中的民间美术章节由民间美术的界定、民间美术的特点和民间美术主要种类介绍三部分构成，罗列了年画、刺绣、风筝、玩具、编织、剪纸等民间美术，并分析其各自特有的造型特征及其审美趣味，使学生初步较为全面地了解我国民间美术的辉煌成就,继承发展传统文化,增强民族自豪感！

在实际的教学过程中我选择了民间美术中的木版年画作为该课程的主要切入点。木版年画是中国历史悠久的传统民间艺术形式，有着一千多年的历史。到了清代中晚期，民间年画达到了鼎盛阶段。在中国民间，年画就是年的象征，不贴年画就不算过年。年画已不仅是节日的装饰品，它所具有的文化价值和艺术价值，使它成为反映中国民间社会生活的百科全书。

木版年画发源于河南朱仙镇，有大大小小几十个产地，其中著名的产地有重庆梁平、天津杨柳青、河北武强、山东潍坊、苏州桃花坞、河南朱仙镇、四川绵竹等地。其中又以河南朱仙镇的木版年画最为著名。清末民初年间，年画的使用地区覆盖了除西藏以外的全国各地。

2006 年 5 月 20 日，朱仙镇木版年画经国务院批准列入第一批国家级非物质文化遗产名录。随后，2008 年 6 月 7 日，木版年画经国务院批准列入第二批国家级非物质文化遗产名录。

在实际的美术教学中应该注意以下三点：第一，在实际的美术教学过程中教师应该给学生正确的引导，让学生正确地看待民间美术、欣赏民间美术。很多人认为，传统意义上的民间艺术是俗气的、土气的，甚至有些人认为民间艺术就是农村的美术，不上档次的，而忽略了民间艺术的淳朴、自然、生动和真实感。民间美术，并不是底层艺术，而是一种独特的美术形式。第二，在实际的教学中应结合课本中的图片引出一些当地的优秀的民间艺术作品，如怀远藤编，道明的竹编。让学生举一反三，更好地走进民间美术。第三，教师也要试着让学生去寻找自己生活中的民间美术，从而加深学生的理解和认知。

选择木版年画作为民间美术课程的切入点，其课程主要是从"造型·表现""设计·应用""欣赏·评述""综合·探索"等方面展开的。

"木板年画"教学流程

年画是中国画的一种，始于古代的"门神画"，中国民间艺术之一，亦是常见的民间工艺品之一，多以木版印出轮廓而后填色。绵竹年画与天津杨柳青年画、山东潍坊杨家埠木版年画、苏州桃花坞木版年画齐名为中国四大年画。

年画教育，在中小学美术教育中有着重要的意义，它是其他艺术形式所代替不了的，因为它有自己独特的优势。

从年画入手，将其作为对高中学生全面素质教育的一个切入点，让学生在趣味年画活动中体验、领略中国民间美术的博大精深。

【教学目标】

1. 了解年画的艺术特色，增强民族自豪感。

2. 了解年画的制作及其印制过程，感受木板年画的拓印的过程。激发创作热情，培养动手、动脑能力，提高审美情趣。

3. 让学生认识年画，初步了解年画的造型、色彩、构图的艺术特点。

4. 使学生了解民间年画的历史及其寓意，培养学生热爱民间美术的思想情感。

5. 通过让学生动手拓印年画和涂绘年画，让其感受年画独特的美。体验美术活动的乐趣，培养学生学习兴趣。

【教学重难点】

了解民间年画，通过拓印与涂绘年画，感受传统民间年画的特征。

【教学难点】

通过欣赏，能利用学到的知识将年画作品合理搭配色彩，感受其独特含义。

【教学准备】

1. 教师尽量多搜集一些年画，并制成课件。（彩印 1～2 张年画作品）

2. 教师准备供学生感受体验年画拓印的木板。

3. 教师准备供学生涂色用的年画线描稿。

4. 不同的涂色工具。

【教学过程】

1. **导入新课**：同学们，老师想问大家一个问题，在过年的时候你们的家里一般会贴什么？老师这儿有一幅年画（木版年画：门神）。

学生：门神。

老师：同学们，对于门神，你了解吗？据《山海经》载称，唐朝有名的武将秦叔宝、尉迟恭，为帮助唐太宗李世民建立唐朝立下了汗马功劳。为什么他们就成了门神呢？有这样一个有趣的传说，在唐太宗李世民时，宫中经常闹鬼，致使唐太宗夜晚睡不着觉。群臣提议让他手下的大将秦叔宝、尉迟恭每晚拿着武器守卫于宫门两旁，说来也神奇，宫中果然平静了下来。久而久之，太宗觉得两位大将太辛苦了，便令宫中画师绘制了两位将军的威武形象，悬挂于宫门上。后来这种形式就流传到民间。贴门神驱鬼辟邪就是这样产生的。现在过春节，贴门神的习俗在我们这里还仍然存在着。主要表现的是人们对平安、幸福生活的向往和追求。像这些门神都是贴在大门上的年画，同学们知道还有哪些年画贴在什么地方吗？

教师小结，并导入新课，出示课题。

2. **讲授新课**。

由"门神"来切入本课，介绍木板年画最初出现的形式。

（1）讲解年画是什么以及年画的寓意欣赏。

教师出示相对应的年画作品——《五子夺莲》

教师问：你发现它们之间有什么联系吗？（例如：莲—连，子—籽。有"连生贵子""连中三元"的寓意）

学生回答："画面里出现了莲子。"

教师介绍《五子夺莲》的含义。

（2）年画的发展历史。

老师：知道年画是什么时候开始的吗？（教师简单介绍年画已经有600年的历史）

（3）木版年画的表现形式。

教师：下面让我们共同来欣赏年画的种类。

课件：年画的种类。

中堂画：贴在客厅的中央。

门神、贡笺、方子、斗方、屏条、桌围、历画。

（4）年画的产地（年画四大家）。

教师：我国的年画历史悠久，哪位同学知道哪些地方的年画最有名吗？（课件：年画产地天津杨柳青、山东潍坊、苏州桃花坞、四川绵竹）

（5）年画的题材内容。

教师：正因为产地不同所以年画的题材内容也十分丰富，大多以喜庆、吉祥为主。山水、花鸟、戏曲、动物等都是人们喜爱的传统题材。

（6）年画的语言艺术。

年画具有浓浓的民间特色，它寄托着人们对来年的美好愿望。

课件（谐音的年画）（连年有余、健康长寿、富贵花开、富贵吉祥、五谷丰登、大地回春、万象更新），这些年画巧妙地通过谐音来表达年画的寓意，也表达了人们对美好生活的向往和追求。

教师：它们都有一个吉祥喜庆的名字，现在我们来看看这两幅年画。你喜欢哪一幅？说说你的理由。

（7）年画的颜色。

教师：年画与其他绘画有着不同的风格特点，仔细观察的同学可能已经发现了，年画的色彩有一定讲究，请你找一找年画里经常使用的传统五色。

学生：红、黑、绿、紫、黄。

3. 请同学上讲台来动手拓印年画，老师指导。

4. 学生作业，教师指导。

老师特意准备了一些年画线描稿，希望同学们能合理搭配色彩，涂出色彩鲜艳、喜庆、红火的年画。

（1）运用不同的方式和不同的纸张进行年画的拓印。感受不同的拓印方式及不同的纸张拓印出来的区别。

（2）运用不同的绘画工具，彩铅、国画颜料、水粉颜料对年画进行上色。

感受不同的绘画材料画出来的年画的区别。

（3）注意整洁，干净。

5. 作品展示，评价。

制作完成的小组把作品贴到黑板上

教师问：你喜欢哪一幅？为什么？

学生评、教师评。

6. 教师总结。

同学们，通过这节课我们学习了年画的很多知识，年画不但美化了生活环境，又增添了节日的气氛，还寄托着人们对来年美好的生活向往。同学们，别忘了每逢新春佳节，都要贴年画。

（作者：艺体课题组　宫远艳）

文章点评

1. 无论是胶板版画还是木板年画，都是追求完美的艺术，以"美育促全面发展"为理念指引，把艺术学习作为一个契机，自然地把美育渗透到教育教学之中，以美渗德，以美促育，以美强体，在促进学生想象力、独立思考能力培养的同时，形成学校的美育发展特色。

2. 有特色的学科教师是学校的宝贵财富，他们通过梳理自己的教学资源，传授、影响、实践、建立、形成与推进学校的特色课程。因此，作为课程建设的主力军，这些特色教师更需要走专业化发展之路，成为能够创造性解决教育问题的专家型人才。作为课程建设的管理者，我们需要为其专业成长提供背景支持。

3. 为了使学生适应艺术专业考试，在课程设置上，我们突破了传统模式，力求理念创新、思路创新、方法创新。除了专业课程设置之外，还开设了艺术实践课程，例如美术外出写生、个人创作、文本书写、习作展评、音乐排演、专家讲座课程。怀远中学课题组一直在思考，一直在探究，一直在实践。

4. "授之以鱼，只供一饭之需，授之以渔，则终身受用无穷。"学会了只是暂时的，会学了才是永恒的。会学了何愁学不会，这与"授人以鱼不如授之以渔"有相通之妙。对于艺术生而言，我们要加大对其学习方法的指导、知识掌握的量的积累，掌握获取知识的方法和能力，才有获取无限知识和技能的可能。

新高考背景下硬笔书法课程的教学探索与实践

书法是什么？古往今来，说法很多，但没有一个令人满意的结论。汉代杨雄说："书，心画也。"唐代张怀瓘《六体书论》说："书者，法象也。"元代郝经《论书》说："书法即心法也。"清代刘熙载《艺概·书概》说："书者，如也，如其学，如其才，如其志，总之曰如其人而已。"

书法教育是美育、爱国主义教育、民族精神教育的重要载体，它不仅是一个文化传递过程，也是一个文化生成过程。在古代，书法教育实际上是培养人格精神的一种文化活动，强调个人修为，有"字因人贵""书如其人"等说法，并讲究"技道两进"，以其独特的艺术魅力和审美特征给师生的生活提供美的享受，改造人们的审美结构，提高人们的审美水平。

实践中，书法教育是一种不可替代的道德培养，它不仅仅是简单的知识和技能传授，更是一种德育，表现出书写者的功力、修养、感情、气质等。通过课堂上书法课程的有效实施，了解、模仿、书写历史上一些有代表性的书法作品，使师生对祖国极其丰富的古代文化和艺术遗产有一个初步的认识，有助于传承民族文化、树立文化自信。通过书法进课堂项目的持续推进，引导和启发学生热爱祖国悠久的、光辉灿烂的民族传统文化和民族美术，培养和增强学生民族自尊心和自豪感，从而加深其对中华民族的热爱。习近平总书记在看望北京海淀区民族小学少年儿童时说，中国字是中国文化传承的标志。殷墟甲骨文距离现在3000多年，3000多年来，汉字结构没有变，这种传承是真正的中华基因，书法课必须坚持。我们重视汉字书写的教育，就是我们中华民族伟大复兴的中国梦的重要组成部分。

课题研究表明，书法在智育、德育、美育等方面还具有良好的"立人"功能，书法文化创造的主体是人本身，人的成长、心智的成熟又反过来根据社会现实的需要对书法文化进行创造。因此，书法学习中饱含丰富多彩的教育元素，关系到德智体美全面发展，可以产生育德、启智、健体、审美的综合效应，启迪学生的观察、发现、欣赏、鉴别、动手、兼顾、应变、创新等能力。

目前，我们在学校初中分部、高一分部积极开展书法教育课程，实施硬笔书法进课堂项目旨在让翰墨之香在菁菁校园里飘荡，让美丽汉字在孩子们的笔下流淌。我们相信，书法课题组的教师们不仅要用对汉字的情怀书写着自己的人生，更要照亮怀中莘莘学子的人生。

作为校本课程特色化的典型范式，硬笔书法入门教程具有如下特点。

一是体系完整。包含常识、笔画、部首、结构、章法，快乐书写，循序渐进。

二是字体呈现多样化，有楷书、行书、隶书、魏碑、仿宋及草书，以楷书、行书为主。

三是纠正学生书写姿势、握笔姿势和坐姿，帮助其养成良好的书写习惯；欣赏优秀作品，引导临摹和创作，激发学生的学习兴趣。

四是纯原创、全手工书写。教材与练习册相结合、语文教材与书法课程相融合，摘录七年级至九年级语文书上的古诗文巩固效果，内容翔实，学用结合。

五是配套实践性课程，开展师生互动书法才艺大赛、书法作品展览，引导学生观察、欣赏中国书法艺术，提高学生审美情趣和艺术修养。

六是注重学习过程评价，强调学生的学习态度和体验，同时，采用书法作品的形式作为课程成绩评定依据。

（作者：书法课程课题组　卜建学）

下面我们随机选择硬笔书法入门教程的几个环节，分享展示，相互借鉴（见图 3-1 ~ 图 3-4）。

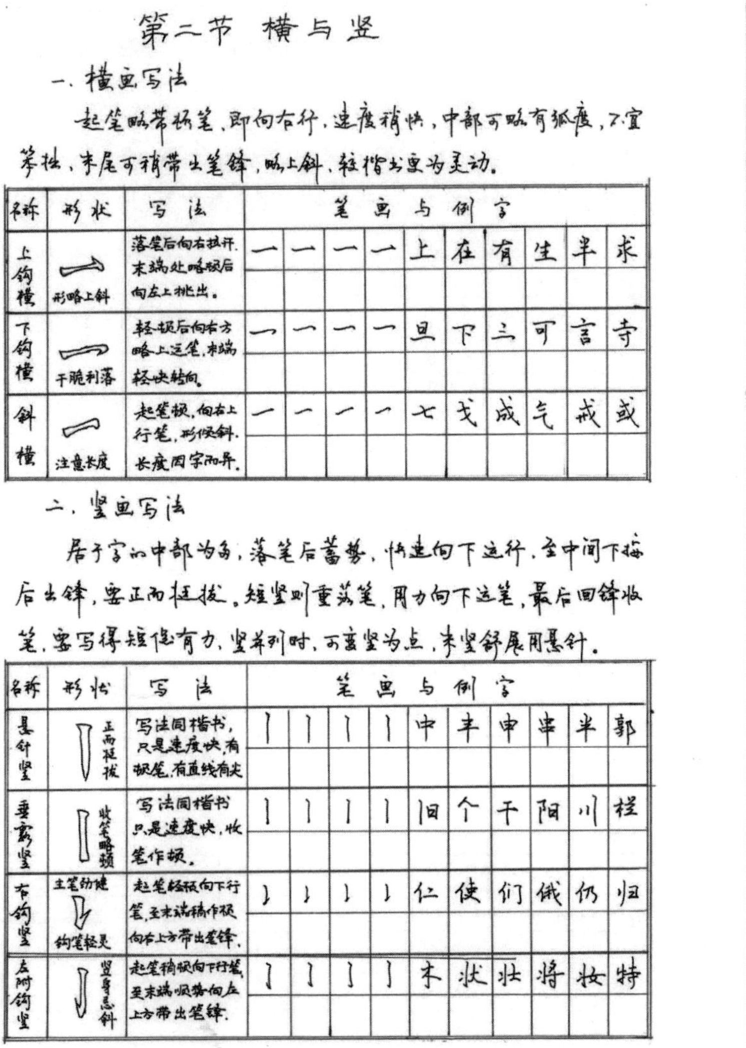

第二节　横与竖

一、横画写法

起笔略带顿笔，即向右行，速度稍快，中部可略有弧度，不宜笨拙，末尾可稍带出笔锋，略上斜，较楷书更为灵动。

名称	形状	写法	笔画与例字									
上钩横	形略上斜	落笔后向右提行，末端处略顿后向左上挑出。	一	一	一	一	上	在	有	生	半	求
下钩横	干脆利落	轻顿后向右方略上运笔，末端轻快转向。	一	一	一	一	旦	下	三	可	言	寺
斜横	注意长度	起笔顿，向右上行笔，形倾斜，长度因字而异。	一	一	一	一	七	戈	成	气	戒	或

二、竖画写法

居于字的中部为多，落笔后蓄势，快速向下运行，至中间下按后出锋，要正而挺拔。短竖则重落笔，用力向下运笔，最后回锋收笔，要写得短促有力。竖并列时，可变竖为点，末竖舒展用悬针。

名称	形状	写法	笔画与例字									
悬针竖	正而挺拔	写法同楷书，只是速度快，有顿笔，有直线有尖	丨	丨	丨	丨	中	丰	申	串	半	郭
垂露竖	收笔略顿	写法同楷书，只是速度快，收笔作顿。	丨	丨	丨	丨	旧	个	干	阳	川	程
右钩竖	主笔劲健 钩笔轻灵	起笔轻顿向下行笔，至末端稍作顿向右上方带出笔锋。	丨	丨	丨	丨	仁	使	们	俄	仍	归
左附钩竖	竖身忌斜	起笔稍顿向下行笔，至末端顺势向左上方带出笔锋。	丨	丨	丨	丨	木	状	壮	将	妆	特

3-1　永字八法之横竖笔法

第三节　撇与捺

一、撇画写法

起笔重落后由右向左用力撇出，略取斜势，出锋前要注意蓄势，西撇连写时，半撇收敛，次撇放纵，连撇处转折要意连，主撇连写呈游动状，半撇稍长。

名称	形状	写法	笔画与例字									
短撇 短促有力	╱	写法同楷书速度稍快些起笔要弧笔	╱	╱	╱	╱	千	禾	生	升	午	香
斜撇 注意斜度	╱	写法同楷书，三个有：有弧笔有弧线有笔意	╱	╱	╱	╱	大	天	文	更	太	人
竖撇 竖线要直	╱	先扶笔写竖撇要出锋书写稍快	╱	╱	╱	╱	月	周	用	甩	儿	兆
横撇 横要上斜	┐	一气呵成，横撇支汇处快笔，有时撇要回锋	┐	┐	┐	┐	又	双	水	永	承	圣

二、捺画写法

与楷书写法相似，只是更加流畅一些，形态平稳平凌，不宜太陡，体现"一波三折"。根据形态不同分为平捺、斜捺、反捺三类。

名称	形状	写法	笔画与例字								
斜捺 一波三折	╲	轻落后下按，向右下方捺出一般与撇呼应	╲	╲	╲	╲	八	人	入	木	天	大
平捺 捺脚上翘	～	逆势起笔向右徐徐运行，用力捺出略带弯势	～	～	～	之	建	达	起	題	過	
反捺 回带干脆	╲	反捺又叫斜长点，短促有力，一字中只写一捺	╲	╲	╲	╲	林	食	仓	次	更	会

3-2　永字八法之撇捺笔法

第四节　折与挑

一、折画写法

行书折画可以像楷书那样见棱见角，也可以圆代方，平滑自然。写圆角的速度较快，且圆润流畅，多为人所用。

名称	形状	写法	笔画与例字										
横折	自然过渡 化方为圆	与楷书写法相似，只是转折处稍圆转些	フ	フ	フ	フ	口	吕	品	田	书	圆
竖折	略带圆转 收笔稍顿	先写短竖，行至竖末转向右方写横	ㄴ	ㄴ	ㄴ	ㄴ	山	凶	世	巨	画	函
撇折	行笔迅速 转折干脆	与楷书写法相似，只是夹角小，右端出锋	ㄥ	ㄥ	ㄥ	ㄥ	去	弘	公	私	云	红
斜折	折角圆润	与楷书撇点写法相似，常用于女字旁	ㄑ	ㄑ	ㄑ	ㄑ	女	巡	汝	好	要	如

二、挑画写法

挑画即提画，多与上一笔产生连带或融合，要做到自然有力。挑画根据形状可分为斜挑、竖挑、横折挑三种。

名称	形状	写法	笔画与例字										
斜挑	干脆有力	与楷书写法相似，但书写稍快一些	⟋	⟋	⟋	⟋	习	汉	地	理	扑	轻
竖挑	中间偏快	写法同楷书连废夹，竖略带弧度	⌒	⌒	⌒	⌒	氏	良	民	衣	以	印
横折挑	形体稍小	与楷书写法相似，常用于左旁部首言字旁	㇗	㇗	㇗	㇗	计	说	讨	语	论	话

3-3　永字八法之折挑笔法

第五节 钩

钩,是汉字基本笔画之一,是汉字六重要笔画,一般都是汉字六主笔。其种类繁多,书写时要给人结满,含蓄之感,切勿拖泥带水。

一、简单钩

名称	形状	写法	笔画与例字									
横钩	横部较浅 钩部有力	先写长横,行至横末收笔向左下方出钩。	一	一	一	一	写	字	买	索	冠	军	
竖钩	竖笔切直	先写长竖,行至竖末稍作停顿后即向左上方出钩。	㇚	㇚	㇚	㇚	小	寸	水	扫	事	牙
弯钩	弯度自然	写法同楷书,只是书写速度加快了。	)	)	)	)	手	家	象	缘	狂	狸
斜钩	斜笔圆劲	按笔向右下行,末末端向上果断出钩,略带弧度。	㇂	㇂	㇂	㇂	戈	成	我	武	代	戒
卧钩	弧线圆劲	触纸向右下弧形行笔,渐行渐重,至末向左上方迅速出锋。	㇃	㇃	㇃	㇃	心	思	想	志	虑	志
竖弯钩	底部平稳	稍按起笔后下行,至竖末渐向右行笔,末端向上钩。	㇄	㇄	㇄	㇄	也	龙	巴	儿	毡	己
横折钩	化方为圆	注意折笔稍回带,出钩有力,书写速度快。	㇆	㇆	㇆	㇆	力	高	同	周	肉	

二、复杂钩

名称	形状	写法	笔画与例字									
横折弯钩	底部平稳	与横折起笔一样,注意弧度向弯,向上出钩。	ㄥ	ㄥ	ㄥ	ㄥ	忆	忆	九	仇	钇	旭
横斜钩	斜笔圆劲	短横加斜钩,短横行笔至末端后快笔写斜钩。	㇉	㇉	㇉	㇉	飞	气	风	凡	凤	凰

9

3-4 永字八法之钩画笔法

智慧教育课程是学校校本课程体系建设中的重要一环，作为国家级课题《新课改背景下"混合式学习"中学学科教学新模式研究》的子课题，属于市级教育创新项目。它借助信息技术的有效介入，弥补传统课堂教学模式中学情分析不够精确、教学反馈粗略滞后、师生沟通不畅的不足。学校现已被纳入成都市首批智慧课程学校联盟，智慧课程班级建制已经达到 18 个，参与课题课改的老师达 137 人，参研学生突破 1000 人，智慧课程研究效果有了很大起色。

智慧课堂环境下高中语文教学个性化评价方略

在"互联网＋"理念的指导下，我们将现代化大数据技术、网络信息技术以及云计算等技术充分融合到传统课堂，构建了一种适合怀远中学校情、学情的教育教学模式，为学生创建了一个智能化、高质量的课堂教育教学环境：学习资源丰富、互动交流充分、实时个性化评价反馈、学生主体作用充分发挥以及灵活运用教学决策。4 年来，智慧课堂环境已经得到了参研师生的积极认可，收到了较好的实践效果，在推动个性化评价开展和培养并提高学生核心素养方面发挥的作用尤为凸显。本文就以高中语文教学为例，重点探究在智慧课堂环境下的个性化评价开展策略及其相关注意事项，以供各位读者参考。

一、评价概述

智慧课堂环境下，高中语文教学的个性化评价主要是指将高中语文教师的课堂教育教学行为作为根本出发点，以促进师生共进、师生全面发展。对教师的教育教学质量和学生的课堂学习效果两个方面所体现出来的实际价值进行评价和判断，其"个性化"评价主要是针对学生的评价。

（一）以生为本

教师要将学生放在课堂学习的主体位置，注重学生个体之间的差异性，因材施教，开展有针对性、实效性和个性化的评价。

（二）全面评价

充分结合参研学生的心理特征、认知规律、学习基础和性格差异等因素，融合参研教师的专业化心理学知识、教育学知识，秉持严谨治学、科学执教的态度，结合语文学科本身的知识特点和个性魅力，依据新课标的阅读能力、理解能力、鉴赏能力以及写作能力等开展多方面和全过程的科学、合理、正确的个性化评价。

（三）平台支持

借助 Hiteach 智慧互动教育平台、Seewo 电子白板以及智学网等技术平台支撑，充分实现对课前预习、课堂反馈以及课后复习"三段八环"教育教学过程性评价。同时可利用可视化终端、信息化技术、大数据技术、云计算技术以及个性化推送等现代化模式实现学习结果性评价。

二、案例分析

（一）课前预设，选定方向

课前预习直接影响学生的课堂听课效果和学习质量。实践中，教师要密切结合每一个学生在学习方面的个性特点、学习基础的差异性以及爱好特长等进行课堂教学模式设计，借助 Hiteach 智慧互动教育平台、Seewo 电子白板等来充实课例资源，优化备课内容；要充分结合高中语文教材课堂教学内容和特点，针对学生的具体实际情况设计出具有探究性、吸引力、开放性、差异性以及拓展性的问题和思维能力评价方向（见图3-5）。

图 3-5　四川崇州市怀远中学智慧课堂"2345"混合学习模式

比如，在学习《虞美人·春花秋月何时了》这首词时，教师可以先向学生抛出一个问题："大家知道李煜这个人吗？知道的可以站起来给大家介绍一下。"然后通过了解李煜的同学的介绍和教师的补充使同学们对李煜生活的历史背景和人生经历有一个充分的了解，进而帮助学生能够更加深刻地理解这首词所表达的哀愁情感和对人生经历的慨叹，同时更好地了解作者的写作风格，从而达到提高学生对词的鉴赏能力的目的。这时，教师可以利用智慧网络平台（Seewo 平台）向学生更加精准地推动预习作业，通过学生在智慧平台上对预习作业的不同解答，教师可以对不同的学生所预习的效果和对知识的储备情况做出科学、正确的个性化、诊断性评价，从而促进课堂教学质量和效果的提升。

（二）课中评价，推进教学

研究中，在智慧课堂环境下，教师可以通过智慧云平台更加深入、精准地了解学生的预习效果，并对其反馈做出比较科学的个性化、总结性评价。教师可以通过让学生自己评述预习情况和同学之间相互评价的方式来实现高质量的总结性评价。

比如在学习《中华文化的智慧之花——熟语》的过程中，在学习之前教师可以以微课的形式帮助、指导学生进行预习，然后将预习成果上传到智慧教学平台，并选取部分学生的预习成果在课堂教学中利用可视化的智慧教学平台展现给同学们，鼓励学生进行互评，并开启探究性的课堂教学模式。在此过程中，学生可以更加深入、透彻地领悟熟语的基本概念和基础知识，在探究性教学模式结束以后教师可以有针对性地对学生的预习作业和预习效果进行科学、准确的个性化、总结性诊断和评价，通过这种方式，既可以使学生的预习成果得到有效的巩固，还可以拓展学生的知识面。

（三）课后评价，反思效果

在智慧课堂之外，教师可以结合课堂学习内容和学生知识掌握情况指导学生进行拓展性的课外阅读，引导学生在课后进行深度学习。

比如，在利用智慧课堂环境学习完《虞美人·春花秋月何时了》这首词之后，教师可以引导学生在智慧课堂平台对作者李煜的生平进行深入探究，并给学生推荐李煜其他的几首典型词作进行阅读，让学生在阅读过程中深入分析、感受、领悟作者的思想感情变化以及写作技巧等，从而实现课堂知识向课后拓展学习的迁移，同时也有效提升了学生对词作的鉴赏能力和发散思维能力。课后，教师可以在智慧教育平台发布作业，并通过对不同学生作业的针对性评价，反思智慧课堂环境下教与学中存在的问题并在今后的教学中做出改进与提升。

三、研究纵深

（一）理念更新

创新引领时代发展的背景下，要想长期保证在智慧课堂环境下对学生个性化评价的高质量开展，参研教师就要及时更新课堂教育教学理念，以保证与时代发展的同步性和一致性。一方面要研究新课程标准的评价要求和学生评价体系标准；另一方面要依据学生个体差异精准把控，把握好学生个性化评价发展方向。

（二）专业发展

从课题研究实践来看，为了保证智慧课堂环境下对学生个性化评价的纵深迈进，我们要在提升自身教育教学能力与改进教育教学方法上面下功夫，要在研究实践中拓展自己专业知识的深度和广度，持续深入探究高中语文教学的个性化评价体系，要在新思想、新理论的指导下开展个性化教学评价，提升高中语文个性化评价的有效性，促进其优质、高效发展。

作为一种新颖的教育教学评价方式，同时也是教育领域的一个必然发展趋势，智慧课堂环境下开展高中语文教学个性化评价，有利于促进高中语文学科核心素养的落地，有利于学生的个性化和差异化发展，有利于促进师生共进目标的高质量实现。

（作者：四川省崇州市怀远中学课题组　高强）

文章点评

大数据、"互联网＋"、人工智能的快速发展，给课堂教学带来了前所未有的冲击，给课堂教学变革与教育创新带来了机遇。正因为如此，智慧教育、智慧课堂、云平台快速铺开，体现了课题研究与教学实践对信息技术的重视程度。但在教育主战场——课堂上，客观地说，还没有真正实现信息化引领下的深层次、革命性改变。

从信息技术平台支持下的教育和学习实践来看，资源获取、考试阅卷、成绩统计、课件设计、练习上传，给教育教学的确带来了极大的便利，但无论技术怎么先进，也改变不了我们的校情、生情、学生的动态需求。这时，教师的集体备课、校本研究、课程建设就显得尤为重要，需要我们高度重视。

基于"三重六环"模式下导学案的优化设计研究

——以崇州市怀远中学高中生物学科教学为例

一、导学案的概念和意义

导学案是教师在教学理论与学习理论的指导下，根据新课标的要求和学生的认知水平及知识经验，以学生的学为出发点，把学习的内容、目标、要求和学习方法等要素有机地融入学习过程中而编写的一个引导和帮助学生自主学习、探究的纸质方案。因此，它是以学生为本，引导学生自主学习、学会创新、学会合作、自主发展的路线图。

教学实践中，各位参研教师要明白导学案的意义，弄清楚课题组编写导学案的目的。

第一，完成导学案的学习是学生能力培养和提升的重要途径。专家们指出，面对未来社会的发展，教育必须围绕让学生学会学习的能力、学会做事的能力、学会合作的能力和学会发展的能力这四种基本学习能力来重新设计和组织。而高效课堂中真正能培养和提高这些能力的最有效工具就是导学案。

第二，导学案真正体现了学生的主体地位。导学案是学生很好的指导教师，学生可以通过导学案预习，了解学习目标，掌握学习的重点并发现疑点、难点。在课堂中以学生为主体进行小组合作探究，师生共同发现问题，提出问题，进行讨论钻研，最终解决问题。学习知识后，学生独立进行练习来巩固和检测，加深对知识的理解和应用。

第三，导学案真正体现了教师的主导作用。落实学生的主体地位并不能忽略或取消教师的主导作用，否则学生的学习将成为盲目的、无序的、无方法、无目标的学习。实际上教师从编制导学案开始，就已进入了指导角色，教师在课堂上随时把握和调节学生学习的环节和节奏，并根据教学环境的变化随时给予学生帮助和点拨，利用启发式教育促进学生知识的学习和能力的提升。教师应参与到学生的学习中，成为真正的启发者、点拨者和诱导者。

二、生物导学案编制步骤

（一）"三重六环"指导思想

"三重六环"模式的核心思想是给学生以尊重、以信任、以机会、以平台，让学生去体验、去收获、去成长。其中"三重"是指重情感与动力、重意识与方法以及重环境与品味。"六环"是指教学过程中的六个环节即充分预习、深入探究、有的展示、高效点评、分层训练和清晰再现。为编制符合我校新课改的导学案，我们将导学案分为预习案、探究案和训练案三个部分。在导学案每小节前附有学习目标、学习重难点，小节后附有学习小结辅助板块。

（二）编制步骤

1. 集体备课。备课组的教师聚在一起统一好教学进度并确定导学案目录，讨论整体编制思路。首先根据课程标准要求制定每一章或每一节的教学目标；然后根据教学目标厘清教学思路，梳理重难点，确定编写框架；最后统一思路，取长补短，进行导学案的分工。

2. 编写阶段。每个教师按照分工进行相关教案和导学案的编写以及打印。

3. 检查订正。备课组内教师对打印后的文稿进行交叉检查与修改，最终成为成稿。

4. 二次备课。教师（包括非备课组教师）根据所编写的导学案定稿，结合自己班级的学生情况，分重点班或普通班进行二次备课，导学案的具体要求必须落实在教师自己的教学设计和导学案中，便于学习检查和评价。

5. 反思整理。每上完一节课，教师应记录好导学案实施过程中存在的好的或需要改进的地方，尽量详细记录学生的反馈情况。然后对好的进行保留，对不足的进行重新调整，不断完善导学案（图见 3-6）。

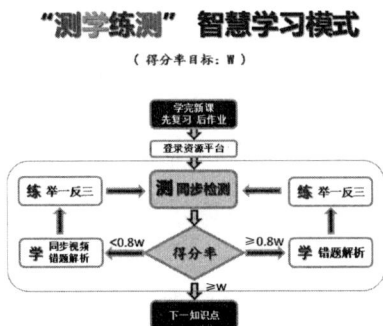

图 3-6　四川省崇州市怀远中学"测学练测"智慧学习模式

三、优化原则及案例分析

（一）主体性原则

导学案的设计，必须尊重学生，注重调动学生的主观能动性。在课堂上，教师要给学生自主学习的时间，让学生自主发展，获得主动学习的能力，做学习的主人。如导学案第一部分"自主填空"就是辅助学生预习，找到自己的疑问，提出问题，再通过老师的引导去思考、讨论、解决问题。

（二）探究性原则

导学案的编写，要有利于学生进行探索学习，通过对知识点的设疑、质疑和解疑，激活学生的思维，让学生在解决问题的过程中，逐步提高探究能力，体验成功的喜悦。如在学习《DNA 是主要的遗传物质》时，教师在学生预习的基础上提出问题：（1）为什么 R 型细菌没有毒而 S 型细菌有毒？（2）为什么 DNA 有了 S 型细菌就会使 R 型细菌发生转化？（3）R 型细菌是如何转化的？……通过这样深刻的、发散的提问，可以激活学生的思维。学生大胆地质疑，提出更多不同的问题，有助于深化认知课本内容，加强理解和记忆。

（三）启发性原则

导学案中设置的问题要具有启发性，能充分调动学生的思维，培养敏捷的思维，让学生在自主学习中体会知识的奇妙。如在学习生物膜的流动镶嵌模型时，可以采用连环提问的形式，根据教学目标设置以下问题：第一，欧文顿是如何得出膜是由脂质组成的？他做了什么？发现了什么？第二，在推理得出结论后，又做了什么呢？第三，细胞膜的脂质分子和蛋白质分子是如何组成细胞膜的？第四，观察电镜切片，你认为蛋白质与磷脂双分子层的位置关系是怎样的？……通过这样的连环提问，可以将学生引向更深层次的探究，通过探讨和思考，最终让学生掌握本节课的主要教学目标，并且印象深刻。

（四）梯度化原则

问题的设置尽量考虑学生的认知水平和能力，由浅入深，循序渐进，让大多数学生能经过自主合作交流解决相应的问题，体验成功的喜悦。如在学习遗传定律时，可以先研究豌豆的一对相对性状杂交实验和分离定律，让学生对"假说—演绎法"的探究有一定的了解，进而让学生在掌握"观察现象—提出问题—做出假设—演绎推理—实验验证—得出结论"等一系列探究程序的基础上，进一步思考：豌豆的性状有很多种（花色、粒形、粒色等），如果两对及以上性状一起讨论是怎样的情况呢？这样由简入繁，由易到难，可以降低学生的学习难度。

（五）层次化原则

根据因材施教的原理，针对不同能力水平的学生设置不同难度的巩固习题。题目的设计分简单、中等和难等梯度，让优等生看到挑战，让中等生看到激励，让学困生看到鼓励，实现分层教学。如遗传题的设计，从遗传概念、计算、实验方案设计等不同角度，将综合性题目设计得有层次，有简有难，不至于让学生一看题目就打退堂鼓。

（六）课时化原则

尽可能将一个课时的内容编成一个导学案，按课时的内容确定导学案的编写，便于学习内容的调控，使课堂教学更有计划性、针对性和时效性。例如，《能量之源——光与光合作用》要分为理论知识与实验两部分，第一课实验，由绿叶中色素的提取和分离，引出光合色素和叶绿体结构；第二课细讲光合作用原理与过程。这样让每堂课都有主题，学生能更好地抓住重难点，通过主线去串联知识点。

（七）拓展性原则

导学案设计应注重锻炼学生对知识的迁移能力，寻找贴近生活的生物知识资源，将生物问题与生活关联起来，通过教学活动，让学生充分认识学习生物学的意义，激发学生学习生物学的兴趣。例如，讲《神经调节与体液调节的关系》时，提出问题：为什么在冬天时人们上厕所的频率会升高？让学生通过思考与讨论，对体温调节和水盐平衡调节有更深刻的理解，也激发学生运用所学知识去解释生活现象的兴趣。

教育事业不断发展，新课程标准不断改革，对各学科教学提出了更高的要求。高中生物教学要求以学生的自身发展水平为依据，注重学生课堂主体地位的突出，运用合理恰当的教学方法，设计符合学生情况的教学设计，提高课堂教学质量。因此，我们应该要多学习、多探究，真正发挥基于"三重六环"模式下导学案的优化设计研究在高中生物教学中的重要作用。

（作者：智慧教育课程课题组　李嘉洁）

研究点评与实践反思

1. 在"互联网＋"的教育当下，怀远中学的智慧课程建设顺势而上，以课题研究为抓手，以课堂实践为平台，理念和实践高度结合，转变教学方式和学习方式，研究好课、好课例、好课型，促使课堂教学有品质。

2. 课前：编写学案导学，课可以预习，问题可以预设。先学后教，先练后教，先摸清学生的"底细"再教。因为我们认为，在"以生为本"的理念指导下，没有精心的预设，就没有精彩的生成。

3. 课中：根据先学和群学，不讲就会的知识免讲，一讲就会的知识少讲。对于怎么讲也不会的，就说明我们的学情把握不准，课前预设不足，体现不出课堂教学的针对性和有效性。这个时候，需要我们反思，需要二次备课。对于合作探究，课题组认为，小组讨论重在讨论，不在结论。

4. 课后：转变了教学方式不等于能提升质量，但要提升质量必须要转变教学方式。课题组4年的智慧课程学案导学实践表明，校本教研不在于开展了多少活动，而在于开展了多少有效的活动，教而不研则浅，研而不教则空。

五年来，课题组一直践行着自己的教育情怀，恪守着自己的教育梦想，始终坚持以问题为导向，以集体备课和校本课程开发为研究平台，努力实现国家课程校本化、校本课程特色化、特色课程使用效果最大化，用"循环实证"推进研究发展、提高课堂教学质量，促进教师专业成长，提升学生核心素养，打造以科研项目带动学校发展的运行机制。本章节，课题主持、主研和参研教师从策略研究、行动研究、实践研究，充分梳理并展示来自农村高中一线的、具体可操作的实践举措与先进经验，为同类学校提供以此为途径提升教学质量的优秀实践案例。

第四单元　校程研究论文

基于核心素养深度学习的策略初探

随着新高考的推进及核心素养的落地，学生和高校的选择权都在明显扩大，这为高中发展提供了多种选择的途径。本文基于 2018 年 4 月成都市树德中学教育集团主题活动暨成都树德中学第 32 届教学研讨会校长论坛《基于核心素养的深度学习》的主题发言（见图 4-1），回应了学校长期教育实践的积累与总结，表达了当前学校发展的新诉求，以课程创新推动学生核心素养的转化和落地。下面从德育活动和课堂教学两个方面将我的发言与大家分享。

一、分享三个事例，说说深度学习的缘由

事例 1：又到一年高考时，高考"神标语"盛行于校园："宁可血流成河，也不落榜一人""提高一分，干掉千人""你的账户余额已不足 100 天""进清华，与主席总理称兄道弟""没有高考，你拼得过富二代吗""熬一个春夏秋冬，享一生荣华富贵"。这些标语过度放大了高考的重要性和功利色彩，给原本紧张的考生施以更大的精神压力。

图 4-1 中学生发展核心素养框架图

事例 2：目前，课堂教学中的独白和灌输逐渐被"自主、合作、探究"等新型学习方式所取代，师生对话、小组合作、分组探究、生本课堂已经成为课堂教学的主旋律。但由于教师对"自主、合作、探究"等新型学习方式的内涵、原理、实施策略等方面认识不到位、理解不深刻，使得课堂"学科活动"中出现了许多问题，只见其形，不见其神。学生忙碌于各种"工具"的使用和"自由"的交流，对于学习活动要解决的核心问题，往往只停留在对过程和步骤的认识层面上。

事例 3：集体备课、资源共享、合作共赢，已经成为学校领导和老师们的共识。不少学校的领导深入教学第一线，身体力行，率先垂范，甚至出台了诸多考核条例，信誓旦旦，大有不搞好集体备课决不罢休的干劲和决心。可是我们在现实中也看到，有的备课组虽然采取了在规定时间、规定地点集中备课的方法，要求教师每周必须保证有一天半的集体备课时间，并规定时间不得少于两节课（90 分钟），形式上轰轰烈烈，而实际上却只是走过场、扯皮、闲谈、消耗时间，时间一到各老师立刻"各奔东西"。表面上大家都把集体备课当回事，可从教学实际来看，没有多少人按照集体备课规定的统一教案去实施教学，集体备课流于形式。

无论德育活动还是课堂教学都不能流于形式，而要有力度、有深度、有广度，方能见实效，培养全面发展的人。

二、从德育方面，浅谈深度学习的实践操作

基于核心素养的深度学习如何通过德育活动予以落实，这是专家学者以及广大教育实践者思考最多、认为挑战最大的问题。中国教育学会副会长、国家督学

张绪培的一段话耐人寻味："有人说，什么是素质？当你把在学校学的知识都忘掉的时候，剩下的就是素质。今天孩子在课堂里学《论语》等经典国学教材，不是让他成为思想家，我们关注的是，毕业以后，作为一个公民，学过论语和没学过论语有什么差异？《论语》等传统文化能留给他终身受用的东西是什么？这就是核心素养。"一年来，中共中央、国务院有关教育的文件就有三个，一个比一个更加靠近"立德树人和师德建设"这一主题。在实践中，我们如何操作呢？

（一）教育在现场

首先就是"教育在现场"，开设德育体验课。主题班会课、经典诵读课、红色教育课以及其他传统文化学习不能仅仅拘泥于教室，不能仅仅局限于教师的个人讲解。要求变，要改革，要突破，走出去，去参观、去感悟、去领会，这样更形象更直观，意义更深远，效果更持久。现在，崇州市罨画池文庙、草堂仰止堂国学教育基地、邛崃红军长征纪念馆、安仁建川博物馆已经成为我们师生的另一个校园，成为陪伴我们孩子一生的回忆。比如，2011年以来，每年9月的崇州文庙祭孔大典暨学生冠礼仪式都会有序开展，祭孔大典结束后，按照《朱子家礼》仪制，为学生举行古典成人礼"冠礼"，参加成人礼的学生在大成殿前加衣、加冠、接受庭训，现场感悟中华优秀传统文化，把文化体验和道德熏陶有机融合，充分挖掘诗礼文化，深化国学教育，探索传统文化体验，提升学生综合素养。同时，每年春节，市罨画池博物馆和杜甫草堂都会举办人日诗会，缅怀诗圣，我市部分中小学受邀诗童都会身着汉服，齐声诵读经典杜诗，传承中华文脉精神，弘扬民族道德华章，举手投足之间，表达对诗圣的深深敬意。

（二）做德高之师

育有德之人，需有德之师。学校应当是最美的世界，因为学校是培育人的地方，而美是提升人性最有效的方式。走进一流学校，踏入美丽校园，靠的是文化熏陶，靠的是"人师"引领。

中国教育的源头活水是做人教育，而非知识传授。习近平总书记指出，广大教师要做学生锤炼品格的引路人，做学生学习知识的引路人，做学生创新思维的引路人，做学生奉献祖国的引路人。他还说："一个人遇到好老师是人生的幸运，一个学校拥有好老师是学校的光荣，一个民族源源不断涌现出一批又一批好老师则是民族的希望。"教师的视野有多宽，学生的视野就有多宽；教师的思想有多深，学生能够达到的思想深度就有多深。

教师的职业劳动是一种"以人格培育人格，以灵魂塑造灵魂"的劳动。教师有"德"，是做人的根本，得有准则和规范，不能做事没底线、做人无秉持；教师有"品"，"身"才能"正"，"学"才会"高"，"身正为范、学高为师"。教师尤其需要秉持的是"静心教书、潜心育人"的信念，在实际教育教学岗位上，静下心来、潜下心来，克服浮躁、急功近利想法，踏实扎实工作，积极突破自我、锤炼自我，也只有"心静下来"，才能秉持完善自我，才能深度潜入学科领域，才能擦亮眼睛，看到"高远"。所以，积极适应当前新形势，认清师德建设新要求，加强师德培训力度和深度势在必行。

三、从课堂教学方面，再谈深度学习的行动跟进

（一）开展深度学习理念研究，引导学生深度理解

只有立足"学"，才能弄清楚"教"。所有关于教的问题的思考和设计，都应以对学的理解和把握为基础。开展基于核心素养的深度学习的课堂教学策略正是在深入研读深度学习理论的基础上，通过改革当前课堂学习中存在的浅层学习问题而提出的一种引导教师调整理念和教学行为的具体行动。

情感、态度和价值观是三维目标中最能体现"以人为本"的。从学科核心素养的角度看，我们要在"内化"上下功夫，只有把情感、态度和价值观内化为学生的品格，转化为学生的精神世界，使学生成为一个精神丰富、有品位的人，情感、态度和价值观维度的目标才有终极意义。"若失品格，一切皆失。"然而，目前教学存在的突出问题是：作为工具、媒介、手段、材料的知识反倒变成了教学的目的，知识被绝对化、神圣化，教育成为"为了知识的教育"，而能力和素养却被弱化、被边缘化了，有知识、没能力、缺素养成为我们教学最突出、最致命的问题。

究竟如何才能把学科知识转化为学科素养呢？笔者认为，学科知识只是形成学科素养的载体，学科活动才是形成学科素养的渠道，它意味着对学科知识的加工、消化、吸收，以及在此基础上的内化、转化、升华。高中课标修订用了"学科活动"统整三维目标中的"过程和方法"以及学习方式中的"自主、合作、探究学习"，目的是强化学科教学的学科性，聚焦学科核心素养的形成。教师在设计和开展教学时必须以学科核心素养为导向，充分体现学科的性质和特点，使学科教学过程成为学科核心素养的形成过程。

（二）整合意义连接的学习内容，引导教师学会合作互助

深度学习，源自课堂的观察。通过课堂观察，我们发现很多教师教得很认真，也很辛苦，但与真理渐行渐远，出现这种现象是因为很多教师没有遵循规律，没

有讲究方法，眼中只装了学科知识，却失了学科思维。很多课堂教学都是教师先将孤立的、非情境性的知识呈现给学生，然后通过举例、活动等方式让学生记忆和理解知识。所谓深度学习，就是基于问题的多维知识整合，需要教师全面地分析教材、深入地挖掘教材、灵活地整合教材，即将教材的内容打散重新组合，使内容具有"弹性化"和"框架式"特征，将孤立的知识要素连接起来，将知识以整合的、情境化的方式存储于记忆中。

可要想有效整合，教师单干，学生独学，是教不出好学生的，当然，也是办不出一所好学校的。"教学私事化"是眼前最为突出的问题，自己玩命干，个别的可以走起来，但总体起不来。所以，我们要避免单兵作战，学会合作、享受合作，强化集体备课，研讨出真知，研讨出效率，取长补短，合作共赢。

一种思想与另一种思想交换，可以形成两种思想。通过名优教师、特级教师的思想引领，进行规律探索，才能做到对学生学习进行有效引领，让学生的学习有方向，方向还要正确；有思路，思路还要科学；有路径，路径还要准确，让老师们从点状思维中解放出来，不就事论事，不就题解题，不就课论课，要有教育眼光、整本视野、系统思维，真正利用和发挥资源的价值，去解放课堂，改变学生。

（三）创设深度学习的真实情境，引导学生积极参加学科活动

从深度学习的内涵来看，它重在迁移运用，要求学生不仅要理解学习内容，还要深入理解学习情境。只有把握了情境的关键要素，才可弄清差异，对新情境做出"举一反三"、准确明晰的判断，从而实现原理方法的顺利迁移运用。这就要求我们一定要根据学习内容的特点、教学目标的要求、学生思维的发展状况适时创设能够促进深度学习的课堂情境，并引导学生自主合作探究，最终达到将所学知识与情境建立联系并实现迁移的目的。

教师应做些什么？打开教材、打开学生、打开教学、打开评价、打开活动。关注学科核心知识、能力和思想方法；关注学生的想法，站在学生的立场思考问题；关注"人"，将人本理念贯彻于教育教学活动中；关注学习基础，在学科教学中落实"四基"；关注教学着力点，把握知识本质，创设教学情境。将"教为中心"的课堂转变为"学为中心"的课堂，让课堂真正成为学生学习的场所，让能力成为课堂活动的核心。在教学活动中，教师要在内容的深处、难处、转折处和争议处有智慧地激发、鼓励和引领学生学习，要尊重学生的个体差异，使"学"走在"教"的前头，不同的学生应该得到不同的帮助、点化及提升。用"深度教学"落实"核心素养"，不应以思维速度作为评价学生学习情况的主要标准，而

是应当更加重视如何能为学生"长时间思考"创设必要的环境或氛围，给学生安静读书、专注思考、完整表达、紧张操练的权利，让学科活动中能力提升和品格完善真正发生。

如何引导学生积极参加"学科活动"，让"以人为本"真正落到实处，需要特别关注以下 5 个方面。

1. 学习永远是学习者自己的事，其他任何人都无法替代。所以，教师要唤醒学生的自主意识，指导学生自主制定学习目标，让学生知道自己需要什么、该学什么、查阅什么资料、解决什么问题、培养什么能力。

2. 深度学习并不是对昨天课堂的颠覆，而是改进，是希望我们的课堂少些学生学习表面的热闹，多些能力的成长，特别是思维力度、思维密度的增加。我们的课堂要"以学生为主"，把学生置于好奇心的氛围中，教给学生质疑和释疑的方法，只有在互动和质疑中学习，才谈得上深度学习。

3. 课堂教学教的不是模式，而是思想、思路，当我们的学生在课堂中乐于合作、敢于思考、善于总结，我们才可以说我们在学生核心素养的养分中植入了智慧的内核。真正的合作，是彼此接纳欣赏、相互取长补短和携手共同进步。

4. 教育无需花架子，有些教师一有问题，不管合适与否、难易如何，都要求学生合作讨论，既浪费学生的青春和热情，也有悖于合作学习的真谛。因为合作不只是一种学习方法，还是一种学习内容，不仅是一种教学方式，也是一种生活态度。

5. 我们不是玩概念、仅重形式，教师要指导学生直接参与探究过程，让学生通过反复思考，从亲身体验中获取深刻认识，促使学生学会合作、学会交流、学会批判、学会反思，培养其思维能力。

四、正确面对城乡学生之间深度学习的差异性

教育的对象是活生生的人，人的成长需要主观和客观诸多要素，城乡学校之间，除了受教师因素、设备资源影响外，学校地理位置、学校类型、学校办学性质、学校管理和办学自主权 5 大因素在不同程度地影响着学校办学成绩和学生个体发展。不仅仅是学校教育，城乡孩子所接受的家庭教育也存在相当明显的差异，我们要承认并尊重学生的个性差异，注重因材施教，采取理性的科学的教育方法，才能为学生的全面健康发展提供适宜的土壤和自主的成长空间。

（一）尊重差异

在人的一生中，其生命内在的规律与生命的密码已经蕴藏了许多东西，这些东西都是与生俱来的。成长对于每个人来讲都是不可代替的，与庄稼的生长一样，人的成长也是一个缓慢的过程，谁都不能拔苗助长。舒缓自然，是生命成长的本真状态，也是教育本该具有的自然姿态。城乡学生之间存在着先天素质、生活环境的不同，其心理特征、生理特点、兴趣、爱好与不足之处也均有所不同，发展的速度和轨迹也有所差异。所以，我们应反对以学习能力为标准将学生分为优等生、中等生和差等生；以学习速度为标准把学生分为"尖子生"和"学困生"。在这种区别的理解和对待中，教师显然鼓励了那些暂时占优势的学生们，而另一些学生则得到了无形的心理暗示——我不够好。著名教育学者、"差点教育"理念提出人黄宝国教授强调教育里应没有差生而只有差异，教育要培养不同学生的差异化发展。我们只有客观地认同了学生的个体差异，才有可能把学生的个性潜质充分挖掘出来。

（二）研究差点

"差点"的起伏，取决于学生自我努力与否，体现的是自身成绩的纵向比较。如果我们每个学生通过和自己竞争，体验学习的乐趣，获得学习的动力，也就获得了有利于自身健康、富有意义且科学正确的自主学习方式。通过对"自我进步"的肯定，真正激发了学生本人的学习热忱与动力。可见，我们的教育，特别是基础教育，应该从"差点"中得到启示，研究教育中的"差点"。为学生提供适宜的资源分配，使全体学生都能够享受到符合其自身特点的教育，鼓励学生与自己比，使其在关注每一次自我超越的成长中，获得成功体验，感受学习快乐。研究学生身上的"差点"，关键是在尊重学生个体差异的基础上，倡导教育者关注学生个体纵向的发展变化，促进每个学生自我激励、自我反思，最终使每个生命个体得到自主发展。教育的"差点"，对于每一个生命个体来说，既是优点，也是缺点；对于教育现象来说，既是热点，也是难点。

（三）缩小差距

学生之间的差距是客观存在的，作为教师，虽不可能将差距完全消除，但其首要任务是确保不将差距拉大。作为普通农村高中，既然我们无法选择适合教育的学生，那就要创造适合每个学生发展的教育，让每个学生在原有的基础上都能有所提高，实现共同进步。怎样做到这一点呢？第一，要扬长避短。扬长避短是尊重生命的具体体现，对于每个生命个体来说，最有效的教育应该是"扬长避短"，而不是"取长补短"。教育者要善于发现学生的"长",规避其不可逆转的"短",因此,发展体艺逐渐成为我校前进的一个方向。第二,要因材施教。作为教师,应全面观察,分析学生,关注个性差异,了解个体之间的差距,保护和调动学生的学习兴趣和积极性,因势利导,为学生创设有利于其发挥特长、张扬个性的学习环境。

当前高中学校的首要工作,就是深刻认识新课标中核心素养的教育意义,结合本校实际,设计出符合自身学校特点和发展需求的、能够切实反映学校人才培养质量的校本核心素养模型,使之成为学校制定发展规划和课程方案、设计课程、开展教学和评价、促进教师专业发展、实施学校管理的根本基础和目标依据。

学校发展,校长先行;教育发展,教师先行。我们只有以身作则,身体力行,坚持以习近平总书记提出的"四有""四个引路人"和"四个相统一"的标准来严格审视自身,审视课堂,紧紧抓住"课程改革、教师培训、科学评价"三个核心关键词,切实加大教师培养力度,鼓励优秀教师成名成家,方能抓实基于核心素养的深度学习。

（作者：四川省崇州市怀远中学课题组 高强 于正超）

面对疫情，我们要看到的是，政府的积极作为、教育的大国情怀、师生的辛勤付出。可纵观疫情期间的线上教学过程，我们还要看到的是，教育可以说被打了个措手不及。围绕疫情对教育影响的研判，常常跟不上情况变化的速度，学校、教师、教研部门对到底如何开展在线教育缺少经验，更谈不上预案，我们能做的，就是苦苦探索。因此，疫情之后，学校课题组就把课堂教学模式的思考与变革提上了议事日程，线上与线下、现代与传统，相得益彰。

基于疫情影响背景下教育变革的思考与研究

2020年4月1日，四川省教育厅统筹安排全省各级各类学校按照"分期分批、错时错峰"的原则大规模陆续返校复课，教育迈入了"疫情后时代"。当然，这里提出的"疫情后时代"，并不是说疫情已完全消失了，一切都恢复如初了。因为国内时不时还有确诊的新病例和国外输入性病例报道，可以说疫情时起时伏。但客观来说，"疫情后时代"是一个对人们意识、认知、心态乃至行为都将产生深远影响的时代。

2020年上半年的线上教学，是史无前例的一次教育大实验。因为疫情，我们积累了大量的线上教学实验数据，对教育理论、教育观念的探讨进一步升温；因为疫情，我们对教育信息化的方向、路径、方法的检讨和反思也将持续深入。所以，因为疫情，虽然教育遭遇了前所未有的诸多挑战，但不可否认的是，这也为教育变革带来了历史的机遇，"疫情后时代"与信息社会处在同频共振的历史交汇期，人们的意识在变，心态在变，认知在变，教育转型也就顺势而为，合情合理，刻不容缓。

笔者从以下四点来抛砖引玉，紧扣"疫情后时代"教育应该怎样培养人这一重大现实课题，构建学校、教师、教育行政部门、教育服务企业命运共同体，希望有条件先行先试的学校能够提供建设性的讨论意见，期待教育的下一个十年因为有你的参与和付出变得与众不同。

一、教育认知的变革

对认知方式的研究始于20世纪40年代，于90年代后再一次引起人们的重视，并从最初的心理学领域逐步拓展，成为教育、信息科学等领域的重要组成部分。疫情期间，在线教学状况迭出。学校教师、教育行政部门一手抓疫情防控，一手抓教育教学，两手硬，内心急。归根结底一句话，教育变革速度跟不上时代发展需要，教育遇到了"认知门槛"。疫情突发难以预料，教育变革事在人为。

　　"提升认知"一直是作为教育人时常关心的话题，为了青年教师的健康发展，为了骨干教师的"二次成长"，我们的意识切实需要改变。当下，不懂教育技术不是借口，师生需要与时俱进，了解新技术、学习新技术、运用新技术。长期以来，有人高喊着数字化将改变教育的一切，可当互联网、人工智能真正影响教育了，他们却害怕了、迟疑了，懵懵懂懂、迷迷糊糊。一提到网上教学，许多教师首先想到的就是线上直播授课，然后就赶忙去寻找诸如 QQ 直播、腾讯课堂等平台和工具，在这种把传统课堂教学直接照搬到网上的思维模式下，师生表现出的"忙、盲、茫"，师生辛苦不说，教学质量堪忧，也不符合互联网思维。

　　同传统课堂相比，在线教学"互联网＋移动端"的教学模式是对教育各要素的全面重构，追求开放、规范、灵活。它不仅可以满足师生随时、随地、随需通过网络学习获得足够的信息、知识、能力的需求，还能够使学生学到网络检索、整合、重组、在线交流、合作、创新等多种能力，这些能力是今天这个时代所必需的核心素养和基础能力。鉴于以上种种，作为教育管理一方，需要我们提升对"互联网＋教育"的认知，提升学习新技术的内在驱动，提升面向未来的生存实力，才能不被时代所抛弃，不被发展所淘汰。

二、教育技术的变革

　　正如安东尼·塞尔登、奥拉迪梅吉·阿比多耶所著的《第四次教育革命——人工智能如何改变教育》书中所言："未来只有两种工作，一种是安排计算机做事，一种是被计算机安排做事。"但教育是一个容易保守的事业，"唤醒与变革"是本文的初衷，"探讨与设计"是本文关键，我们应该主动适应社会智能发展，利用技术为自身和学生服务。

　　教育技术的发展最早源于 20 世纪 20 年代，从幻灯、录音、录像开始的电化教育，到 80 年代微机出现后兴起的数字化教育。不久的将来，我们将进入第四次工业革命时代，教育也会随之转型，进入智能革命时代。所以，2020 年是学校变革的分水岭，大家都在努力转型，如果我们错过了，或许就错过了一个发展的机会，错过了一个伟大的变革时代。

现状是，中小学教师心知必须为未来做些准备，但却不清楚未来是什么。他们不擅长规划未来，但也不能裹足不前。他们知道目标在哪里，只是不懂如何实现。在下一个10年时间里面，我们身边的中小学校将会发生根本性的变化，相应地，青年教师专业成长的设计与指导方向也就更加明确。

但要明确的是，在技术的发展、教育的转型上，相关的基础建设不应搞"高大上""花架子"，更不要把教育技术与课堂教学搞成"两张皮"，而是追求可用、实用、好用；不是简单地建设1~2个录播教室、创客空间、3D打印室就了事，而是要面向全体学生，面向整个课堂，面向所有的教室和公共空间，从而满足全校师生的常态化使用。其次就是要抓好优质数字教材的研发、实践，抓实现代教育技术的校本培训，让每一个教师拿上手可用，学生打开了就学，模式变革的氛围才能有效形成，"互联网＋教育"才有落地生根的土壤。

另外，对于手机、平板、电子手环等电子产品是否会对孩子造成潜在危害，教师、家长始终都很担心，他们的担心也在影响着各级教育行政部门。对此，我们要正确引导、培养孩子学会借助网络和智能工具自主学习，学会网络生存，适应人机共生。技术、资源提供商要主动屏蔽对学生有害的事物，这是社会教育服务企业的社会责任与担当。

从疫情期间线上教学的实践中我们可以发现，教育技术设备越来越多、越来越先进，自适应学习技术将从根本上改变学生的学习方式，学科教学可以通过在线互动、在线咨询进行，尤其是对学困生、踩线生的个体辅导影响重大，而考试也将被线上连续评估所取代。从线下来看，图书馆将成为学生的另外一个学习的主要阵地，部分考试已经启用计算机自动判分，一些App软件可以实现学习表情评估、语音发音矫正、考试成绩分析与诊断。这些都是教育开始在技术的影响和变革下实现转型的实证。

三、教学管理的变革

机器并不是这场变革的核心，虽说科技的进步带来了社会的深刻变化，引导着教育的积极变革，但"人工智能＋教育"的核心还是人，教师与教育技术智能互联、智慧与人文相辅相成才是未来学校的教育模式。因此，使用科技的教师，将取代不使用科技的教师，没有人机结合思维模式的教师，将不能适应社会的改变。

首先，作为课程建设引领者、教育管理者的校长和教学序列行政，思维要打开，理念要跟上，以教育行动感染周围教师，耐心倾听技术变革的声音，走在营造智慧教育环境的前面；认知要同步，培训要跟上，以实践教育展现责任担当，让计算机充分集成到我们的课堂教学环境中，让教师无意识地感应、使用教育新技术，让其从繁重的作业批改、试卷批阅、成绩分析与诊断、问题解答与反馈等重复性劳动中解脱出来，将更多时间与精力投入到教学思考、研究与创新中去。这才是一个温情的校长，面对"后疫情时代"的积极作为。

其次，教师需要努力转变自身角色与定位。技术变革，未来可期，智能设备将卸下数百年来缠在教师身上沉重的行政负担，让他们可以将大量的时间放在教学设计、情感激励和思想交流上，这让教学变得更富吸引力，让师生更有成就感，让课堂教学更富激情。因为在互联网新技术对教育的影响下，数据"专家"根据学情、课堂观察、测试评价，智能生成教案、智能标注错误知识点，使教与学的数据多维度、精细化，智慧"助学"。就连现在最时髦的PPT也将逐渐被扔进历史的垃圾桶，因为它还是太死板了。

我们要明确的是，教育是面向未来的，教育既要关注当下，也要关注未来，教育的根本目的是人的发展，以人为本、以生为本。当学生遇到一个问题需要解决时，学生针对这个任务，就会自主地开展各种线上线下学习，教师有意识地引导学生分享、协作、探究成果，采用零存整取的方法梳理、分类、整合，从而形成更系统的知识结构。所以，我们重点不是"比拼设备"，而是"强化运用"，引领学校在整体发展理念、数字课程、教师培训和项目实施等方面产生革命性变化。

以此次疫情为例，那些教育信息化建设走在前列的学校，给予一线教师充分信任，鼓励创新，支持研究，包容失败，学校教学理念相对开放，应对突发情况也就显得更加从容，更能适应未来的各种变化。否则，面对突发情况，往往就惊慌失措，常常慢人半拍或无所作为，忙得没有方向。

疫情，或许是一个教育转型的契机，是一次推动教育变革的历史机遇。"疫情后时代"背景下，相关教育服务企业、学校、教育行政部门应共同探索、研究设计以"人工智能＋教育"的线上线下混合式教育教学体系，形成合力、补齐短板、精准发力。这一问题值得各位专家、校长、一线教师、读者各抒己见。

（作者：四川省崇州市怀远中学课题组　高强　于正超）

文章点评

当教育进入信息化时代，其形式和支撑发生了很大变化。现在的大学教育，更需要的是具有创新能力、解决复杂问题的人。那么，基础教育要以"求变"的思维，以"解决问题"为目标，重组课程组织形态、跨学科融合教研、拓展教育资源的空间，来满足学生发展、人才培养的需求。

我们要依托大数据资源、现代信息技术、个性化的评价手段，构建以学习者为中心的课程体系。当然，在实践中，由于教育环境变了，内容创新了，要求提高了，作为课程建设的导学者、组织者，我们的角色、意识、理念也要随之而变化，去主动适应，去努力探寻，提升教师自身信息水平和专业素养，支撑基础教育转型与变革。

新技术、新高考改革实质上是国家引领的一场教育革命，是教育领域里的一次自我完善，我们要积极投入校本教研、课程建设的洪流，去实践、行动和奋斗。以研究者的理想与情怀，深度研讨，携手共进，在推进校本教研、课程建设的探索实践中，实现质量立校、科研强校的梦想，也实现自身的凤凰涅槃。

立足校本　集体备课　让师生共享优质资源

2017 年 9 月 8 日，教育部党组书记、部长陈宝生在《人民日报》撰文，对"努力办好人民满意的教育"做了深入阐释。他在讲话的第二部分提出："坚持内涵发展，加快教育由量的增长向质的提升转变。把质量作为教育的生命线，坚持回归常识、回归本分、回归初心、回归梦想。深化基础教育人才培养模式改革，掀起'课堂革命'，努力培养学生的创新精神和实践能力。"这是改革开放以来在党和政府的文献中，在教育部领导的文章和讲话中，第一次看到"课堂革命"这样的词语，可见，我们课堂存在的问题非常严重。陈宝生部长没有用"课堂改革"这样的提法，而用了"课堂革命"的提法，表明了国家改革课堂的坚定决心。

课堂是教育的主战场，教育改革只有进到课堂的层面，才真正进入了深水区，课堂不变，教育就不变；教育不变，学生就不变。课堂是提高农村教师"教学专业化"水平，促进其专业发展，达成"立德树人"根本目标的"最后一公里"。有质量的课堂才是真正的教书育人。质量从何而来，首先从教师的质量来，有专家说过，名师之"名"在课堂。还有专家说过，一所学校的教育质量不会超过教师的质量。可见，教师是教育的基础，教师质量决定人才质量。因此，我们坚持"立足课堂"，探索提高农村教师"教学专业化"水平，促进其专业发展的途径。

深化"课堂革命"首先从教师的课前准备开始。课前准备千头万绪，我们"打开了一扇窗"，从"教学设计"入手，开展"课例研究"，在课堂教学中收到了良好的效果。2019 年 6 月 23 日中共中央国务院《关于深化教育教学改革全面提高义务教育质量的意见》（后简称"意见"）再次强调"强化课堂主阵地作用，切实提高课堂教学质量"，"意见"要求优化教学方式，坚持教学相长，注重启发式、互动式、探究式教学，教师课前要指导学生做好预习，课上要讲清重点难点、知识体系，引导学生主动思考、积极提问、自主探究。融合运用传统与现代技术手段，重视情境教学；探索基于学科的课程综合化教学，开展研究型、项目化、合作式学习；精准分析学情，重视差异化教学和个别化指导；定期开展聚焦课堂教学质量的主题活动，注重培育、遴选和推广优秀教学模式、教学案例。

基于实践探索，源于实践深挖，课题组走上了校本教研中的集体备课研究之路。集体备课并非独创，但我们所推行的"集体备课、资源共享、课后反思"的备课制度，却有值得借鉴和学习之处。

首先说说"五定""五议""六有"规则。各个学科的备课组每周集中备课一次，并制定了"五定""五议""六有"规则："五定"即定时间、定地点、定每周进度、定教学内容、定中心发言人；"五议"即议学生学习状况、议备课中疑难问题、议教学方法手段、议课后心得体会、议教改动态信息；"六有"即有重点、有措施、有收获、有提高、有记录、有反思。

其次说说"五定""五议""六有"规则的优势。"五定""五议""六有"规则让每个教师对备课的每个步骤了然于心，并明确了各自的角色定位。任何人都不希望在集体备课时被边缘化，而且还努力想着能有自己的声音。因此，备课之前，每个人都要精心准备，除了对每个备课环节准备之外，有的教师还会根据自己的理解与思考，对某一两个教学点进行重点准备，以期在集体备课时提出独特见解。

为了让更多教师的"声音"有的放矢，我们还对说课、观课、议课提出了更加具体明确的要求：集体备课时，主讲教师要提前说课，并让大家提出建议与意见，达成共识之后再上课，大家再对主讲教师进行议课。议课的时候，可以有共同的看法，也允许有不同的认识，甚至是反对的声音。有的时候，教师们对某一个教学点的意见不同，还会因此争得面红耳赤，可最终，却实现了《中庸》所说的"有弗辨，辨之弗明"的目的。

集体备课将主讲教师的备课精华传递到了"每一个"教师，尤其是水平相对较低的教师或者教学经验相对少的年轻教师。这样做，不但让他们少走了弯路，也让他们对教学内容与方法有了比较准确的把握。集体备课克服了教师在课堂教学中的随意性，解决了某些教师个人无法解决的难题，也为更多的教师，特别是年轻教师较快地成为名师提供了可能。同时，还为骨干教师展示自己的才华提供了平台，让他们有了成就感。

那么，这样会不会扼杀了教师的教学个性呢？我们的实践证明，尽管有了统一的要求，但由于教师性格不一、文化底蕴不同、教学风格各异等原因，再加上二次备课或多次备课，不同教师的课堂依然会呈现出"百花齐放"的迷人风景。

最后说说课题研究过程中的发现。实践证明，集体备课在一定程度上解决了学校内部教学不均衡的问题。毋庸讳言，学校之内，教师水平高低不一，甚至还会有比较大的差异。传统意义上各自为战的备课，不同教师的教学内容、教学重点、教学效果自然大不一样。而同在一所学校上课的学生，有的可以享受到优质的教学，可有的则只能望洋兴叹。可自从集体备课之后，有了全方位的资源共享，让一般教师的课堂教学也闪烁出了优秀教师的光华。荀子说："蓬生麻中，不扶而直。"常常与优秀教师一起备课与研究教学，一般教师的水平也自然会持续地提升。有了这种"学而时习之"的平台，再加上主动上进的心理需求，一些教师，尤其是年轻教师，就有了后来者居上的可能。教师水平的不断提升，才让学校整体教学质量有了更快提升的可能。

（作者：高中语文课题组、四川省特级教师　曹诚）

文章点评与研究反思

基于问题导向，源于实践深挖，高中语文课题组全体参研人员扎实开展集体备课，在具体的研究实践过程中，认真把握好了以下几个细节：

1. 研究目的：对教师，培育学科核心素养；对学生，提升品格和能力。

2. 以"实"推进，行动研究。聚焦课堂，重视以下环节：课前研讨（确定主题、确定教学目标、确定中心发言人、全面征求成员建议）——课中，把控好"课堂生成"的度——课后，反思提高，完善学案。

3. 聚焦课堂。常态的听评课、赛课、研讨课。

4. 目标达成。教师教法的改进、提升，学科核心素养的培育；教研组、备课组教研制度文化的建设；学生课堂学习氛围的改善，学生品格、能力提升。

本文关于集体备课方法和策略的探讨，我们每位课题参研教师在校本教研中要积极落实，遵循学科教学的基本规律，紧扣学生思维能力的培养和核心素养的提升，把教育教学研究工作推到一定的高度。

课题研究开展前的问卷调查显示，由于教师对教育科研的认知存在一些心理上的障碍，27.52%的教师轻视科研，认为科研可有可无，对教学没有任何作用，没有时间和精力来搞科研，从心理上已经将科研和教学进行了割裂；16.53%的教师认为可以搞科研，但是内心并没有太大兴趣，"被迫"搞科研是为了满足职称评审、评优评先的需要。本文通过分析科研带动教学存在的主要问题，并剖析其中存在问题的原因，提出了解决问题的措施，从而将科研课题与教育教学有效的融合，在根本上提升学校的办学质量，促进学校可持续发展。

关于以科研带动教学促进学校可持续发展的探析

在中小学教育实践中，究竟是否需要科研支撑，科研到底处于什么样的地位，学校可持续发展中，科研和教学究竟是什么关系等一直是教育界争论不休的话题。学校课题组根据学校教育科研改革的实际状况，对其中存在的困惑、重点、难点问题进行全面系统的分析、梳理，结合学校对省、市、区三级课题的深入推进与有效开展，对现有教学模式、课程建设进行优化，努力实现了以科研促进教育创新、学校可持续发展的目的，从根本上打消了参研教师的内心疑虑，促进了个体的专业成长，实现了学科教学的整体提升。

一、问题分析

（一）对教育科研作用的认识不清晰

调查发现，尽管多数人已经意识到教育科研是中小学可持续发展的"重要生产力"，但依然有部分教师对此认识不够清晰。主要的问题包括：要么根本不搞科研，对教学也不上心，过一天算一天，做撞钟和尚；要么重视教学，轻视科研，认为科研可有可无，对教学没有任何作用，没有时间和精力来搞科研，从心理上已经将科研和教学进行了割裂；要么搞科研，但是内心并没有兴趣，"被迫"搞科研是为了满足评职称、评模评先、获得行政奖励的需要；即使在教学中有心得，有感悟，但是却没有将其转化为成果的意识，没有想过如何使科研与教师的教学实践联系起来。

（二）对科研和教学的关系认识不准

不少教师认为，科研和教学是没有交集、互相平行的两条线，二者选其一即可。殊不知，一个优秀的教师，在教学中一定会在教学模式与方法上下功夫，向学生恰当地"传道、授业、解惑"。或者通过课堂设计，将最新的教学理念和新的知识，针对不同年龄阶段、不同时代的学生具有的"代际"特点，进行讲解。同时也会将教学经验、教学感悟、教学中存在的问题等，通过论文、专著、课题等形式进行成果化，然后通过公开发表、会议交流、教研活动等方式，来推广经验、规避问题，不仅自己教学成效提升，也会让组内教学质量得到整体提升。教学与科研从来就不是分割开来的，而是相辅相成的关系。

（三）对教育科研成果转化不到位

实践中，很多教师都很敬业，在教学过程中也积累了不少经验和素材，但是对成果的总结和推广却是一个薄弱环节。在教研活动和年终总结中似乎都能体现一些创新的做法，部分教师也在学校领导支持下，形成了一些论文成果，但是不少成果仅仅停留在课题已经结题或通过校级、市级鉴定上，之后就销声匿迹，无人问津。科研成果应用到平常的教育和教学中，进行实践更是少之又少。真正的科研转化，不应仅局限于结集论文、展示成果、获得奖项，研究的目的是更好总结经验、提升创新理念、形成好的规律，向同行加以推广应用。从教培中心到学校，甚至到一个地域或整个中小学学科教学中都要重视，并正确处理并把握好教育教学与科研、科研开发与成果转化、科研过程与科研结果等几个关系。

二、原因剖析

（一）没有形成科研意识

部分参研教师认为，教育科研就是写论文，成果就是论文发表或获奖，教学是唯一任务，教育科研是"附属品"、摆设、花瓶，可有可无；认为教育科研对改进教学成效有限，对提高教育教学质量，对提高学校办学水平和可持续发展没有多大的用途。

（二）对科研有心无力

从学校到教学岗位，缺乏系统学习和了解，即便部分教师有科研的心，但是没有科研的能力，上起课来头头是道，做起科研就毫无头绪，找不到切入点。

（三）过高估计科研压力

部分教师感觉科研需要"严格规程规范"，研究成果需要较高的"科学性和理论性"，要完成一个科研项目，形成成果显得高不可攀，无形中增加了心理障碍，自然而然就产生了"避而远之"和"敬而远之"的态度。

三、行动措施

学校可持续发展需要科研与教学互动，以科研带动教学，以教学检验科研，相辅相成，共同提升，其中以科研带动教学的具体措施包括以下四个方面。

（一）完善学校行之有效的教育科研规划

学校顶层设计要明确教育科研重要性，综合中小学教育发展趋势，根据上级主管部门要求以及政策，制定符合本校发展的建设规划内容，具体分析学校教师的综合实力，研判自身教育科研能力，精准定位，特别是要将科研以及实践工作有效结合，管理好教育科研工作，优化配置各项资源，将教育科研与学校工作充分协调，做到常态化发展，为科研工作持续健康发展奠定基础。

（二）逐步建立使用长效的教育科研平台

学校要结合各个方面的日常工作，为参研教师提供一个切实有效、有助于教研成果研发、实践、固化的科研平台。这些平台包括：为教师学习提供学术会议、共同交流，以及获得新技术、新方法以及新知识等各项信息机会的网络信息平台；保障教育科研工作稳定开展，提供充足科研设备和实际技术的物质平台；有利于进行校本课程开发、教材编写、课题研究等各项项目开展的研发平台；利于教研成果推广、实践的转化平台。

（三）塑造旨在提升积极性的教育科研氛围

学校的可持续发展需要在全校树立正确的教育科研观念，目标在于"科研兴校，质量立校"并举，充分调动教师教学科研工作积极性。基于创造性为核心，建立一个科研的良好氛围，在熏陶中提高教学科研意识，在实践中要培养教师教育科研的综合素养。

主要举措包括：树立"教学强校，科研兴校"的理念，优化现有教学模式，构建良好的校园文化环境；以教学科研为改革良机，在教科室、课题组组长等骨干的带动之下，分析学校在教育科研工作开展中存在的问题与不足，充分发挥骨干教师的带领作用，凸显指导成效；通过对教研人员、教师的统筹管理，强化研究合作，在教学科研过程中明确各自研究任务以及要求，强调整体作用，形成教学科研共同体。

（四）建立创新的教学科研模式

为了有效提高全体专任教师对教育科研的参与性，要分析学校现有的科研组织形式，并进行全面优化。有条件的学校可以在实践中建立名师管理体系，让名师发挥其特长优势，做好带头、引领以及辐射作用。各教研组要逐步培育和建设适合本学校可持续发展的名师资源和名师工作室。在名师主导、名师工作室引领下，通过开展教研活动、专业阅读、专题讲座等方式培养、指导年轻教师，以老带新，以新促老，相互学习，共同提升。

根据不同学科发展阶段和学校教学科研规划，开展全员培训管理，一方面通过"请进来"的方式邀请同行知名专家到学校做报告、开讲座，普及、提升教师的科研素养；另一方面分批次安排教师"走出去"学习、参观开阔教师视野，接受新思想、新观念。还可以采用集体备课、团队讨论等方式对课题进行研究，在实践中提升教师的师德教育以及教育科研能力。将科研运用在课程改革中，将课程作为科研实践的有效载体，来提升教师科研能力和验证科研实用水平。

在教育行业中出现相关事件或典型案例时，可以让教师以此为契机，针对典型案例，进行研究、反思。条件成熟时，可以结合学校急需解决的问题，申报项目，以项目形式推进。

总之，在中小学教育中，教学与科研地位同等重要，为了使学校能可持续发展，不同学校需要根据具体的情况，分析存在的问题，找出原因，然后开展针对性工作，优化教学模式，建立必要的平台，组建旨在达成长期目标的团队，将科研应用于课程实践，才能达到促进学校创新以及可持续发展的目的。

（作者：高中政治课题组　杨加劲）

文章点评及研究反思：

1. 我们常说的是："师者，传道授业解惑也"，但随着教育的发展，技术的进步，课堂的变革，教师的认知需要改变，教师的角色需要转变，教师的定位需要重塑，因为知识取向的教学可能会被技术取代，教学模式不再是一成不变，而是要根据学生的动态随时调整与优化，以上种种，都需要我们静下心来，坐在一起，梳理、分析、研究、实践与反思。"一支粉笔一本书走天下"的时代早已过去，未来教师是重组课程的设计师，以大单元、大概念为核心的课堂教学，正在呼唤我们。

2. 所以，教育科研是唤醒，集体备课是研究，课堂教学是实施，课程重组是关键，这不是部分教师所谓的"两张皮"的问题。有这样的想法，说明我们的课堂反思力度不够，有这样的做法，课堂教学效果怎能提高。科研的魅力就在于创造情感交流的环境，研究素养提升的方法。可喜的是，课题组全体参研教师行动起来了，在校本教研、集体备课、教材编写、课程建设方面，反复研判、积极探索、实践追踪与反思研究，促进了自身专业发展，促进了学校向可持续纵深迈进。

传统的以统一教材为主的教育模式已经不能适应学生发展的实际需求，忽视了学生的个性化成长需求，与学生的实际成长环境缺乏有效的融合，推动校本教材的科学开发已经成为推动校本课程高效开展的重要基础。高中阶段作为学生思维成长和知识学习的关键时期，校本教材的科学开发和运用对学生全面发展起到关键作用。本文结合高中校本教材开发实际，对校本教材内涵进行详细阐述，深入分析当前高中校本开发中存在的问题，探讨科学的教材开发策略，为校本课程的开展提供有效支持，使学校课程能够有效适应学生成长需求，促进学生全面个性发展。

普通高中校本教材开发中的问题探究及对策生成

为适应教育改革要求，推动学校自主课程管理政策的高效落实，开发校本课程和教材已经成为推动教育工作科学推进的重要基础。校本教材能够有效凸显学校特色，充分适应学生的成长需求，为教育质量的提升起到有效的推动作用。校本教材是校本课程开展的重要基础，是学校结合自身课程发展和学生学习成长需求编制的具有学校特色的教材，是校本课程开展的关键载体，教师需要充分结合课程目标，对教材素材进行科学的收集、整理和编写，为课程开展提供完善的教学材料，提升校本教学活动的科学性。

但是，在校本教材的实际开发和利用过程中，存在诸多问题。

一、研究现状

（一）重视和投入程度相对不足

校本教材的科学开发对提升校本课程教学质量起到关键作用，能为课程开展提供高质量的教学材料。但是在实际的教学管理工作中，学校将大量的精力和资源投入到国家课程的教学和管理工作中，对校本课程缺乏有效的重视，同时师资力量等资源的投入也相对不足，未能为校本教材开发提供基础保障。校本教材的开发具有较大的难度，需要教师结合实际的教育环境和学生成长需求，并按照校本课程目标要求进行相关教学资料的准确收集，当前教师的教学能力较为突出，但是教材开发的能力水平相对不足，不能保证较好的开发效果。

（二）校本教材开发思路较为传统

当前的校本教材开发思路较为传统，教材内容主要以知识教学为主，缺乏吸引力和实践内容的设计，不能充分发挥校本课程优势，不能对学生的思维意识进行有效的引导和激发，不利于校本课程教学目标的高效实现。特别是高中阶段学生的学习压力较大，国家课程的难度相对较高，而相对枯燥的校本教材内容，容易引起学生的抵触情绪。校本教材的开发任务主要由学校教研部门负责，缺乏一线教师和学生的参与，使得教材内容无法适应实际课程需求，不利于校本课程有效性的提升。

（三）校本对教材开发缺乏有效的规范

为满足校本课程教学要求，校本教材开发需要对相关教材素材进行全面的收集、归纳和总结，在如今这个信息化高度发达的时代，教师能从诸如报纸、杂志、网络等中获取到自己想要的各种信息，这为校本教材的编写提供了便利，校本教材开发人员能够利用丰富的网络资源对教材内容进行有效的充实。但是在实际的校本教材开发中，许多教师只是对相关素材进行简单的引入，并未进行有效的审核，无法保证相关内容的真实性，这使得校本教材缺乏一定的规范性和权威性。

二、行动研究

（一）加强对校本教材开发的重视和支持

首先，学校教学管理部门要充分结合校本课程管理要求，加强对校本教材开发的重视，有效整合师资力量和教育资源，为校本教材开发提供有效的基础保障。其次，要有效激发教师的参与积极性，加强对教材开发的组织和管理力度，制定完善的开发策略并优化管理规范。

（二）优化教材开发思路

（1）作为教学管理部门，教科室和教务处要转变传统的校本教材开发思路，结合校本课程要求，明确教材开发目标和学校教育特色，提升校本教材的科学性。（2）在校本教材中融入思维锻炼和实践活动，实现对学生素质能力的有效培养。（3）在教材编写工作中，教师要加强与学生的沟通交流，深入到一线教学中，对学生的知识学习需求进行有效的掌握，充分发挥校本课程针对性，有效适应学生个性发展需求。（4）积极引进先进教育理念和方式方法。（5）提升校本教材内容的丰富度，利用教育信息化优势，对校本教材内容进行有效的充实。积极拓宽教材开发主体，积极引进社会教育力量参与到校本教材开发中，提升开发过程的专业性。（6）优化教材利用模式，积极引进先进的教学方式，充分发挥教材价值，完善评价机制，对教材使用效果形成准确的评价，利用校本课程灵活性的优势，对教材内容进行及时的调整和优化，以适应课程要求和提升教材开发水平。

（三）加强对教师的培训教育

高中教学内容难度较大，校本课程的开展需要教师对教材内容进行有效的掌握，从而实现对课程教学的科学开展。教师作为校本教材开发的重要主题，学校要加强对教师的培训教育，对教师的教材编写能力进行有效的培养，使其能够主动参与到教材开发中，适应课程开展要求。

三、研究成果

我校校本课程建设注重了顶层设计特色化和课程资源多样化，凝聚了办学智慧，体现了学校办学特色。在执行国家课程计划要求的同时，我校校本课程建设体现了学校的培养目标，合理分配内容领域的比重，明确了开设的具体科目及其顺序关系。这一系列举措让校本课程的建设走出各种"碎片化"问题的"瓶颈期"。

在课程实施中，我们结合了校情、学情、生情，以推进课程科学合理地实施。根据近5年研究与实践反思结果，校本课程建设应注意积累教学活动中生成的课程资源；应根据学生的兴趣、需求，将相应内容拓广、加深；应注意基础课程的二次开发以及学科资源库建设。目前，校本课程下的"拓展课程"不是由简单的几个兴趣班、学生社团碎片化组成，而是在"互联网+"的背景下，形成了怀远中学富有特色的课程体系，课程分为校本必修课程、校本选修课程，这种设置既有梯度，又有联系和融合。

研究表明，校本教材的科学开发对高中校本课程的高效开展起到关键作用，学校要加强对校本课程的重视，加强对教材开发的组织和管理力度，充分整合教育资源，为教材开发提供基础保障。要转变传统的校本教材开发和利用思路，优化开发模式，有效调动教师和学生的参与积极性，提升教材的科学性，为校本课程的开展提供有效支持。

（作者：四川省崇州市怀远中学课题组　高强）

文章点评

课题研究推进到今天，校本教研、集体备课过程中的校本教材编写，已经成为促进教师专业发展的必然方向和有效途径。本文指出，教师在校本教材编写工作中，应加强与学生的沟通交流，深入到一线教学中，对学生的知识学习需求进行有效的掌握，充分发挥校本课程针对性特点，同时积极引进先进教育理念和方式方法，并将之融入教材开发中，以有效提升校本教材内容的丰富度，在从根本上满足学生发展需求的同时，有效促进教师自身的专业成长。

教育的奥秘不在于传授，而在于激励、唤醒和鼓励。课堂上、教学中，学生有了兴趣，思维才可能活跃，也才有师生互动、交流和沟通的可能。而培养兴趣、提高效果的有效方式就是"激励"。如果学生不喜欢你这个老师，不喜欢这个学科，怎么可能有好的教学效果，所以需要我们多角度去展示教师的行为魅力、语言魅力、个性魅力，去引导、去唤起、去激励学生的学习兴趣。

激励性评价在高中英语课堂教学中的运用研究

激励性评价是激发学生内在潜能的重要手段，是学生形成持续发展能力的重要途径。或许，它就是一句鼓励的话语，一个信任的眼神，一次轻轻的拍肩，但其力量却丝毫不逊色于一个实物的奖励，并且能培养学生健康的心理，使其获得自信和成功的体验。法国著名作家安德烈·莫洛亚曾说过："美好的语言，胜过礼物"，说的也就是这个道理，在课堂上，在教学中，我们要不失时机地从不同角度给不同层次的学生以充分的肯定，恰如其分，恰到好处。

一、正确认知

研究发现，每个学生在学习、生活上遇到困难时，最想得到的是教师、家长、同学的鼓励和帮助。如果他遭到的是老师的批评、家长的训斥和同学的嘲笑，他就会怀疑自己的学习能力，失去学习的信心，更不可能端正学习的态度，明确学习的目的。原本心中积极向上的自我形象就会退化，对教师及其所授课程的喜爱程度就会大大降低。几次挫折后，学生的心灵受到严重创伤，厌学情绪会日益加重。教育的过程，就是师生交流的过程、情感培养的过程。在这个过程中，如果我们以循循善诱的心态去积极地引导、去善待、去吸引，及时给予表扬与鼓励将会产生事半功倍的效果。

实践证明：学生从老师一句肯定的话语、一个赞许的微笑、一个满意的手势……就可以得到鼓励与支持，体会到成功的喜悦与快乐。学生群体也能对个体学生取得的成绩做出积极的反映。例如，有的老师带动全班学生为回答问题很好的学生鼓掌，会带给学生产生一种成就感。教师诚恳地纠正学生的知识错误、耐心地弥补学生的知识缺漏，又能使学生体会到教师对自己的关怀和负责，这些都会强化学生的学习动机、提高其学习的兴趣。所以，教师在英语课堂教学中应抓住一切机会，最大限度地给学生以鼓励，不断给学生奋发向上的勇气和力量，就能够使其积极进取、不断提高。

二、实践研究

"凡是教师缺乏爱的地方,学生无论品格还是智慧都不能充分地或自由地发展。"罗素的这句话更让我们体会到,教师带有激励性的爱对学生的学业成长和身心发展会起到多么大的作用,或许我们常说的"亲其师,信其道"就是这个道理吧。很难想象,一个眼里总是看着学生的缺点,平时对学生没有半点喜爱,一味"高压、打击、训斥"的教师,即使他偶尔一次真心去激励学生,恐怕学生只会把这种激励误认为是一种虚伪的关心,会抵触甚至仇视教师。因此,爱学生就如流水,必须长而久远,激励这只船才能顺水航行,这对英语课堂教学研究有很大的启发。

(一)学生主体

英语课堂教学中,教师应该转变角色和学生建立平等关系,积极创建一个民主和谐的学习评价氛围,尊重学生的个性特点,实施以鼓励为主的评价策略。运用鼓励性语言对学生进行评价,使学生在学习活动中勇于发表自己的见解,敢于质疑。运用鼓励性语言对学生进行学习内容、学习习惯、学习方法、情感态度、合作学习和探究学习等方面的评价。

现代心理学研究证明:内部动机比外部刺激更具持久作用,人的成长进步关键在于自我心智的发展。因此,在我们的教学研究中,更应关注的是怎样才能发挥激励性评价的真正作用,即促进学生自身的成长发展。英语课堂,应该是师生互动、生生互动的课堂,学生才是课堂的主角。我们要真正把课堂还给学生,突出学生的主体地位,实现多元激励性评价。例如,在英语阅读教学中,学生朗读课文后,让他们分别谈谈自己朗读的效果如何、优劣在哪里,再相互之间评价改进,在交流中取长补短、学习他人、认识自我,以学生激励为评价主体,通过学生互评互议,以期不断完善自我。

在英语教学中,教师恰当运用肢体语言,比如,手势,眼神,面部表情,空间距离,向学生传递关爱的信息,这种方式很容易引起学生的求知欲,调节课堂氛围,创造温馨的学习环境。言出于心,教师要真心真意尊重每个学生,使用各种生动的、赞赏性的或鼓励性的语言,这些语言就像"兴奋剂"一样,会使学生精神振奋,学习信心高涨。这些语言如同一股暖流,让他们感受到教师的温情,满足他们的成就感,使课堂气氛热烈,达到师生互动的效果。

(二)语言魅力

苏联教育家苏霍姆林斯基说:"成功的欢乐是一种巨大的情绪力量,无论如何不要使这种内在的力量消失。缺少这种力量，教育上的任何巧妙的措施都是无济于事的。"因此，在英语课堂教学中，我们应多用鼓励的语言创造出宽松的学习气氛，以达到让学生获取成功的欢乐。

例如，常用"别急，慢慢来""再想一想，相信自己""你能完整地复述一遍，我们相信你""错了不要紧，现在的错是为了下一次的正确"，通过这些尊重、期盼的语言，渗透出老师浓浓的爱，从而使学生对学习树立勇气和信心，敢于大胆地发表自己的见解，始终保持着一种积极向上的乐观情绪和努力探索成功的强烈愿望，促进学生不断发展。

又如，和颜悦色，耐心启发，多用"well done ""thank you""very good""try it again""good job"等鼓励的用语，使学生更加亲近老师，消除恐惧和顾虑，不怕出错误，大胆参与课堂活动；使他们有自豪感、亲切感，从而减少焦虑，充分调动起学生学习的积极情绪。

对学困生要多加关照，多提问、多启发、多提供一些使他们觉得有进步感和成就感的机会，对回答正确的或者基本正确的，请别吝啬"delicious""wonderful""excellent""clever""very good, continue please"等评价用语；当学生完成他们的回答时别忘了说声"well done, thank you"；当小组竞赛结束公布获胜者时，何不来个全班鼓掌呢？凡此种种都是对学生成功的肯定，都能在学生心中产生更强烈的追求成功的动力。对答不出问题的学生，我们应和颜悦色地说"It doesn't matter"，而不是简单而又粗暴地给予批评或者惩罚。

（三）肢体语言

与口头语相比，肢体语言具有多义性和不确定性，所以常常对学生的各种行为起到某种暗示与提醒的作用。正如有的学生常犯错误，自尊心又强，如果老师能用信任的眼光注视他，他可能很快地振作精神，从头做起，如果教师用轻视的眼光看他，他就可能沉沦颓废下去。因此教师在课堂组织与管理中，可以少一些低效、重复的说教，多一些示范、参考和期待等积极的肢体行为去影响学生，耐心细致地鼓励他们去完成学习任务。例如，学生站起来回答问题时，由于害羞、紧张或心里没有底答不上来，若老师用期待的目光看着学生，微笑着向学生提示其中一些词语，或建议学生跟着一起回答，学生的紧张情绪就会消除。教师应避免老是板着脸，瞪着眼动辄就训斥的做法，力争让学生通过情感交流获得更大的成功。

（四）鼓励质疑

学起于思，思于质疑。不断发现问题、提出问题是学生思维活跃的表现，也是学生勤于动脑，善于思考的表现。因此在培养学生质疑能力的同时应保持学生质疑的欲望，让学生树立质疑的信心。作为老师应努力创造一种宽松、民主、平等融洽的学习氛围，鼓励学生多提问，让学生知道能够提问是一种认真学习的表现。因此我们要善于鼓励学生大胆地质疑，欢迎他们参与争论，对于那些平时在课堂上敢于发表不同意见的学生，要予以表扬，即使他们的观点是错误的，也要在肯定他们勇敢精神的前提下与其一起讨论来加以引导，并纠正其错误的观点，切不可强行要求学生对老师的观点深信不疑，按老师的思路去思考问题。大教育家孔子曾说过"三人行必有我师"。在教与学的过程中，就应按孔子所说的去做。学习是从发问开始的，没有问题，就没有创造。质疑是调动学生学习积极性，培养创新思维能力的有效途径。

三、注意事项

1. 适时适度。

开展激励性评价重点在于如何抓好契机，也就是说老师要善于做"及时雨"。在学生最需要的时候去鼓励，"雨"要下得及时，既不可久旱后降甘露，也不要水漫金山悲戚戚。在课堂上，当一个学生尽其所能解答了一道疑难的时候，教师就应当堂表扬他；当一个学生回答问题错了的时候，教师也应先肯定他勤于思考，勇于回答问题，然后再鼓励他从多角度去思考问题。这样适时适度的激励表扬，学生学得专注，也学得开心。

另外需要注意的是，激励不等于表扬，批评也是一种激励，无原则的表扬只会适得其反。当然也要注意的是，批评时不能打击学生的积极性和自信心，要委婉地否定，有时还要根据学生不同的性格特点，不同情况不同对待。引导学生正确对待否定性评价，使其具有一定的心理承受能力，既认识到自己的优点，也清楚认识到自己的不足，并对其提出针对性的改进建议，这样才能更有效地促进学生进步发展，才是真正成功的激励。

2. 关注差异，因材施教。

由于学生的生活背景、家庭氛围、学习环境的不同，导致不同的学生有着不同的思维方式，解决问题的方略也就不同。虽然学生都使用相同的课本，学习相同的知识，但要使其达到同一层次的目标，是不现实的。这就要求教师在教学过程中关注差异，因材施教，允许学生采用不同的思考方法和解题思路，不必强求用一种固定的模式来思考和回答，对于学生来讲适合他们自己的方法才是最好的方法。因此，对学生的鼓励方法要根据其独特性和差异性而论。

激励性评价是培养、保护学生创新思维的条件，我们要及时抓住学生稍纵即逝的新奇、独特的想法，给予赞扬，使学生的创造性思维得以发展。多给学生创造性思维活动的机会，鼓励学生勇于尝试，并在失败面前不气馁，才能使激励性评价在英语教学中得到广泛的运用，取得更好的效果。

（作者：高中英语课题组　邓桢）

文章点评

在教学研究中，在如何引导参研教师关注学生、正面引导、激励评价，抓住课堂呈现过程中的互动细节，培养学生的创造性思维等方面，本文提供了一些研究思路。但另一方面，实践中，面对"怎样培养人？""培养什么样的人？"的问题，教师个体的经验明显不够，这就需要我们以合作的发展方式、以集体备课的构建模式相互交流，深度探讨，共同提高，这就需要课题组积极引导。

高中核心素养的提出给课堂教育教学带来了重大发展，核心素养的生成和培养需要我们立足于教材整体目标，精选教学信息素材，优化素材问题设置，以多样高效的方法探寻问题的解决方法，提高学习的趣味和学生的积极性，实现师生之间的交流合作，促进教学模式的创新与转变，实现核心素养的生成和内化，完全切合当前学校对省市级课题研究的价值引领和总体目标。

问题平台支持下师生交互型教学模式中的核心素养生成

问题教学模式是我们常用的经典教学模式，它以情景为依托，以问题为导向，以训练学生的思维能力和学习方法为中心，通过调动知识和学习知识引发思考解决问题。"学而不思则罔，思而不学则殆"，中国的传统思想早就注意到了学习和思考之间相互促进的关系。问题教学模式能够在问题的引导下，激发学生的思考，在思考的过程中学习，寻找解决问题的方法。这种模式非常重视学生的思维能力和知识能力的关系，符合了核心素养教学的要求。那我们应该如何运用"问题"落实核心素养的教学呢？

建构问题平台支持下的师生交互型教学模式，是核心素养教育的趋势。问题与知识的融合能够为我们的教学提供更优质的方式，实现课堂上师生之间、生生之间的教学交流。我们需要充分利用问题教学的优点推动教育教学质量的提高，创新教育教学的内容和形式，使之符合核心素养的要求、符合教育改革的目标，使教育随着时代的发展进步而不断改革创新。

一、以整体目标定位问题资源

我们所学的知识是具有连贯性、系统性的，那么问题的提出就需要考虑到知识的横纵联系，要突出知识重难点，定位知识易混、易错点。而问题要达到这样的效果就需要我们从整体把握教材内容和知识联系，确定教学的主题和方向。一般而言，这个主题和方向应该是课程的三维目标和核心素养的融合。我们可以依据一课或者一个单元的课本内容和目标进行综合性的分析，并结合学生的实际情况，选取适合的问题资源，使问题的设置更具有针对性、科学性与互动性。

比如，我们在讲解唯物论的知识点时，一般会结合国家方针政策、思想理论或者科技创新等热点进行情景设置。但是不管是什么资源，我们都需要弄清楚两个知识内容：一是物质对意识的决定作用，二是意识的能动作用，同时还需要生成对这些政策的认同，激发学生公共参与的热情。

比如，我们以当前的高考制度改革为例设置"为什么要改革"这个问题。要解决这个问题，就需要学生从国情角度分析客观原因，从政策本身分析改革意义。那么学生可以依据物质决定作用原理，理解时代在变，国情也在变，国家政策、思想观念也应该随之改变，高考制度在探索中前进、在改革中发展。高考制度改革想更好地发挥高考作为教育改革"指挥棒"的作用，就需要对其做一个全面的认识，通过制度的完善进一步破解科学性、公平性等时代课题，发挥教育作用实现中华民族伟大复兴。这样对政策的认同感就在知识的理解中生成了。当然，这里面还可以引入高考制度改革的"变与不变"来讨论运动和静止的关系，引入教育规律的内容讨论规律的客观性与发挥主观能动性的关系等知识点。这样，就以整体的思路对知识模块进行了全面的梳理和学习，既有利于学生形成知识体系拓展思维空间，又能从不同层面生成核心素养。

有效定位问题资源，使课堂不再是老师讲学生听的传统形式，而是提供了问题资源为载体融合了"趣味性"和"生成性"的课程，形成了新颖的具有高度"互动性"课堂。

二、以立体解读深挖问题深度

问题的设置不能是直白的一问一答的形式，不要有过多的内容，也不要抽象的、不着边际的问题，而是能够精准对应知识，使学生在解决过程中能够围绕一个主问题展开千锤百炼的研究，清楚明白地触及问题的本质，触及更大的广度和深度，甄别不同的信息点，保留精华的观点，删除无用的内容，最后形成自己对问题独到的解答。

比如，我们在讲解《国家利益至上》这一课时，可以引入中美关系的发展为情景主线，从 1972 年中美建交开始，中美关系在合作、竞争和冲突中时好时坏，特别是 2018 年中美贸易战以来，对中美关系，很多人表示担忧，也有人非常乐观。如果我们以"应该如何看待中美关系"为问题展开讨论，就会显得比较直白，学生的答案也会比较统一地趋于课本的内容，很难锻炼深挖出思维的深度和广度。

因此，我们可以对问题做一个稍微的调整，把"如何看待中美关系"的问题拆为三个观点：中美关系会越来越恶劣；中美关系会好转；中美关系，好不到哪里去，也坏不到哪里去。让学生分析这三个观点哪个的预测更准确。

学生在分析这三个观点的过程中，能够对中美关系的发展形成一个整体的认识。美国害怕中国力量的强大威胁到美国的世界霸主地位，因此想尽一切办法阻止中国的强大，这是因为利益对立引起的冲突和矛盾；但是中美之间存在经贸往来等共同利益，两个存在着合作的可能性。因此中美关系不会一直僵持，也不会一直友好，始终都是在起起伏伏中发展。从而学生就能够更加深刻理解中美关系变化的直接原因和根本出发点是国家的利益，继而深化对我国外交政策的政治认同、对国际法规的法治意识和维护国家利益的公共参与热情等核心素养。

我们通过纵深的立体解读问题比传统的教学更能够加强学生的体验和思考，激活学生学习动力，真正实现理论与实践的相互结合。在挖掘问题深度的解答中，既实现了对学生思维和能力的培养，又生成了学生的核心素养和能力，引导学生树立正确的价值观。

三、以多样方法凸显问题引导

找对学习方法是提高学习效率的重要途径。讨论法是解决问题常用的方法。学生围绕着情景问题展开讨论，这就需要学生调动知识明辨道理，同时教师要引导学生善于倾听他人的意见和看法，结合自身的理解，得出问题的结论。比如，在《色彩斑斓的文化生活》这一课的讲解中，我们可以让学生讨论《红海行动》《国家宝藏》《最强大脑》等，让学生归纳文化市场的变化，满足人们多样化的需求，引导文化消费和文化生产的发展，明白发展喜闻乐见的大众文化的原因。

讲解法是教师在引导学生解决问题的常用方法。讲解法具有形象生动充满趣味的特点，能够把枯燥抽象的知识通过故事般的论述再现出来。传统的课堂上，一般是教师讲学生听，不过在核心素养的课堂上，我们可以把这个讲解的主动权交给学生。比如，在讲解"人生价值"这一知识点，可以引入程开甲、黄大年、钱学森、黄旭华的事例，设置他们的行为如何体现了人生价值的内容的问题。这个问题并不难，一味地让学生谈论、探究是没有什么很大的意义的，学生也会很容易失去兴趣。但是我们可以让学生讲一讲如何看待他们的行为以及自己从中感悟到了什么。

（作者：高中政治课题组　刘佳艾）

文章点评

新一轮课程修订最大的突破就是紧扣新时代新要求，深度挖掘各门学科课程中的核心素养，以课程育人，以方法助推。核心素养所具有的实践性、情境性特点，就意味着核心素养的落地，不是"换教材"，也不是"听课、刷题与考试"的常规三件套，而是要有备课方式、教学模式的明显转变，本文对此进行了详细阐述。灵活运用多样化的方法，不拘泥于问题讨论的形式，更能够激发学生的兴趣，更好地引导学生综合运用知识表达自己的观点和看法，助推问题的解决和能力的提升，深化核心素养的培养。

核心素养规定了课程维度，变革了评价方式，要求学生"怎么学""学什么"，与之对应的是，我们就应该研究"怎么教""教什么"，教学方法的探讨，教学模式的设计，一直是校本教研的重要内容。

地理实验是地理实践力实施的重要手段，是地理学重要的研究方法，也是学习地理课程的重要方法。本文以大规模的海水运动（第一课时）为例，展示了地理实验教学模式在高中地理课堂中的应用。

基于地理实践力的高中地理实验教学探究
——以大规模的海水运动（第一课时）为例

一、设计思路

"大规模的海水运动"是人教版高中《地理2 必修》第三章——《地球上的水》中的一节内容。海水运动对地理环境所带来的影响较大，特别是热点的海洋污染问题。而对于全球海洋海水运动的研究区域尺度较大，离学生生活较远，学生对于大规模的海水的运动的形式理解难度较大。因此，在本节进行地理实验是很有必要的，能让学生有课堂参与意识，激发地理学习兴趣，培养观察能力，形成自主探究意识，创新实验过程，从而培养地理科研精神。

（一）教学目标确定

1. 明确洋流的概念、特点及分类。

2. 学生自主操作实验，在实验过程中获取实验现象，从中了解理想洋流模式，培养地理实践力。

3. 以分组形式，根据实验所得的理想洋流模式，分别验证大西洋、印度洋和太平洋三个大洋在副热带海区和副极地海区的洋流模式，得到实际洋流模式图，培养学生区域认知能力。

4. 以"大太平洋垃圾带"的形成及其危害为例，强调海洋环境保护，培养人地协调观，提倡可持续发展的环境观。

（二）设计思路分析

本文以图片"大太平洋垃圾带"为导入，引出海水运动的形式、洋流的概念以及分类。以实验模拟大洋洋流的形成，得出理想的洋流模式图，再和世界洋流模式图对比，修改理想洋流模式图，得到最终的洋流模式图。

创设情境，吸引学生注意力。开展实验，有意识地将地理原理教学过程转变为学生参与的地理现象的发生过程，让学生动手实验，观察现象，并探讨相关原理。地理规律的运用遵循从一般到特殊再到一般的发展过程，建构知识认知体系。

（三）实验教学过程

【环节一】实例展示，引入课程。

教学过程	师生活动	学生活动	设计意图
新课导入	展示图片"太平洋垃圾带"，现状及危害介绍 	观看图片，思考问题	从真实事件入手，吸引注意，探索海水运动的奥秘，导入新课

【环节二】合作探究，获得新知。

提问	提出问题，"太平洋垃圾带"是怎么形成的	在书上找出有洋流的概念，及分类	培养学生自主学习能力
合作探究	提问：（1）图1所在半球 ____ abc 的大小关系 ____ 洋流性质 ____ （2）图2所在半球 ____ abc 的大小关系 ____ 洋流性质 ____ （3）洋流流向与等温线弯曲有什么关系	结合教师设置问题，小组合作探究，得出结论："凸向即流向"	引导学生小组合作探究、总结、判断洋流的性质，有助于培养学生合作学习、综合分析问题的能力

【环节三】实验探究，突破重难点。

提问	洋流常年沿一定方向做大规模流动，其流动动力来源于何处？除此之外还有哪些原因？	看书回答 陆地轮廓，地转偏向力	培养学生自主学习能力
实验准备	吸管（模拟盛行风），盛有水的盆（水模拟海水，盆模拟陆地轮廓）细纸屑（帮助观察水的流向）		

教学过程	师生互动	学生活动	设计意图
实验目的	探究海水的流动方向与风向和陆地轮廓的关系		
演示操作	1. 将菜籽油滴在水里，并使其成点； 2. 通过吸管向水面吹气；		
实验结论	海水流动方向与风向一致，遇到陆地的阻挡，海水的运动方向发生了改变。		
应用实验结论	全球有 6 个盛行风带，那么在这 6 个风带和陆地轮廓的影响下，海水将会发生怎样的运动？	画出盛行风影响下的海水运动	实验结论应用
实验准备	在上个实验的盆中标上箭头，分别表示 6 个盛行风带。并在水盆边缘分别标出南北纬 0°、30°、60°、90°，然后水盆中盛满水，在水面上撒上细纸屑。		
实验目的	观察实验中出现了几个环流？环流方向是怎样的（用逆时针或顺时针形容）？在洋流模式图上画出来，并标出环流中寒暖流。		
实验操作	请一位同学站在水盆左侧，模拟盛行西风，两位同学站在水盆右侧，分别模拟东北信风和极地东风。 注意事项：①吹气时应水平吹气，模拟大气水平运动； ②三位同学分别站在相应的位置，同时吹气。 		

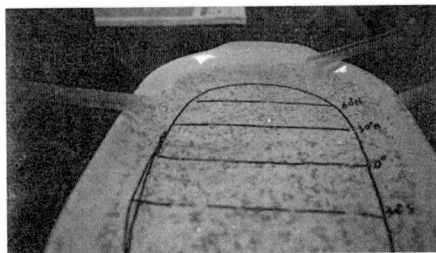

教学过程	师生互动	学生活动	设计意图
实验结论	理想洋流模式规律。 以副热带为中心的大洋环流：北（半球）顺（时针）南（半球）逆（时针），东（大洋东岸）寒（流）西（大洋西岸）暖（流） 以副极地为中心的大洋环流：北（半球）逆（时针）南（半球）顺（时针），东（大洋东岸）暖（流）西（大洋西岸）寒（流） 		
验证规律	实际世界大洋的洋流是不是这样分布？一起验证一下：全班分为 6 个小组，分别验证太平洋、大西洋、印度洋中高纬海区和中低纬海区的洋流分布是否与理想中的洋流模式一致 	学生合作对照洋流理想模式与世界海洋表层洋流分布图，从洋流的方向和性质方面找出二者之间存在的差异。	验证实验规律、影响，从一般到特殊再到一般的规律获得过程，培养学生科学研究精神
问题探究	通过途中可以看出世界洋流模式与理想的洋流模式主要存在三处不同： ①南半球只形成了副热带海区的大洋环流，缺失了副极地海区的大洋环流； ②南半球各大洋中的西风漂流为寒流； ③北印度洋中的大洋环流冬季与夏季环流方向不一样。 教师讲解为什么这三处不同。		

教学过程	师生互动	学生活动	设计意图
规律总结	以副热带为中心的大洋环流：北（半球）顺（时针）南（半球）逆（时针），东（大洋东岸）寒（流）西（大洋西岸）暖（流） 以副极地为中心的大洋环流：北（半球）逆（时针）南无，西风漂流（寒） 北印度洋的大洋环流：夏（季）逆（时针）冬（季）顺（时针） 		
回归主题	探究大太平洋垃圾带的形成与洋流的关系	思考问题	培养学生科学的环境观和发展观
夯实巩固	默画洋流模式图，画完后与同学交换并给予修正和评定	默画并交流	再次熟悉洋流模式图

二、课后反思

经过教学实践我们得出，这种注重知识获得过程和学生合作学习的教学模式，比起传统的教学模式，更能提升学生的动手能力、合作学习和语言表达能力；学生对知识的理解更深刻、应用更灵活；课堂氛围活跃，学生参与度高，体验了获取知识的愉悦感，教师完成了核心素养要求下的部分能力的培养，虽碰到了一些问题，但也达到了预期的目的。

（作者：高中地理课题组　周洪西）

文章点评及研究反思

1. 作为一种"启发式"教学方法，实验教师讲授实验原理，然后提出问题，促使学生主动去学习，查阅和分析资料，自我深化，锻炼了学生的思维能力和创新能力，使学生亲身感受到了每一个数据都来自无数次的实验探索，从而达到了"知其然，更知其所以然"，做到了"教有目标，管有标准"。

2．本节课中，实验教师为了正确评价学生经过实验教学是否达到了教学目标的要求，从实验准备、实验操作、实验结论到验证规律、规律总结、回归主题，环环相扣的实验过程，体现了"学生中心、问题导向、创新探究"的教学理念，培养了学生的创新思维能力、辨析能力和探索求知精神，发展了学生的个性和潜质，达到提高学生实践能力和综合素养的目的。

3．教育的本质是思维培养、素养生成，而课堂是培养思维、提升素养的最好场所，能够通过实验教学的体验式学习方式达成，这就是课题参研教师的行动跟进、实践探索。在今后的教学实践中，希望能够有更多的、更优秀的教学模式呈现。

校本教研过程中，教师要让学生由"学会"到"会学"，就必须将目光从关注教学内容向关注学法指导方向平移，也就是要求教师完成从教会到会教的角色转变。会教的教师往往能授予学生自学之道、求知之法，教会学生在主动获取知识中发展智能。五年来，课题组在国家课程的校本化实施、校本课程的有效开发、开发后的实践追踪与反思、教师团队的培训与建设研究过程中，非常注重校本教研中的学科课堂观察、教学模式重构，培养教师直面问题与改进方法的勇气，探索和形成了来自农村高中一线的、具体的、可操作的实践举措与教学经验。

第五单元　课堂观察实录

《赤壁赋》教学设计

教学目标

1. 理解水月的传统意义。
2. 感受苏轼超然乐观的情怀。

教学重点

体悟苏轼水月诗的哲理内涵。

教学过程

一、导入

回顾《赤壁赋》的情感线索。

乐甚：一乐，与好友饮酒共赏；二乐，水光山色与中天夜月相辉映的美景；三乐，景的辽阔和高远带来心灵的自由与疏放。

悲怆：在观照历史、自然中心生人生易尽，世事虚空之悲——生之意义为何？

喜笑：在变与不变的、物各有主的观念中，达到明朗的境界。

二、诵读

1. 请同学们大声朗读一遍文章，注意读准字音，读清节奏。

2. 请四位同学读诗，各读一段。阅读中注意更正读音。

三、鉴赏文本

1. 思考：苏轼到底观照了什么来阐述自己对人生的理解？答案：水、月。

2. 为什么是水月？即景抒情、水月悲问、情感载体。

四、小组讨论

摘抄的水月诗中承载了哪些意义和情感？组长整合答案，并作为发言人。

五、教师展示水月意象的传统意义

（一）月

1. 从先秦古人《诗经·陈风·月出》开始，"明月"就寄托了无数边塞征人、游子思妇、迁客骚人的思念悲情。

王褒（南北朝）《关山月》："关山夜月明，秋色照孤城。"

张九龄（唐）《望月怀远》："海上生明月，天涯共此时。"

2. 古人常从"月升月落""月圆月缺"中看到了月在生命、时间中的意义，月化为生命、时间，寄托了时光易逝、物是人非之悲鸣，引发学生对历史浩瀚、宇宙浩渺之悲叹。

张若虚（唐）《春江花月夜》："江畔何人初见月？江月何年初照人？人生代代无穷已，江月年年望相似。"

刘禹锡（唐）《石头城》："淮水东边旧时月，夜深还过女墙来。"

（二）水

1. 因为水的浩荡无尽，古人常以它来形容情之多、之深、之缠绵无尽。（离情别绪，愁苦哀怨）

李煜（南唐）《虞美人》："问君能有几多愁，恰似一江春水向东流。"

李白（唐）《渡荆门送别》："仍怜故乡水，万里送行舟。"

2. 因为水的浩荡无尽，或不止息地向东奔流，古人从它身上看到了时光流逝、物是人非、岁月无情、人事沧桑。

孔子（春秋）《论语·子罕》："逝者如斯乎，不舍昼夜。"

许浑（唐）《咸阳城西楼晚眺》："行人莫问当年事，故国东来渭水流。"

六、升华主题

1. "水""月"在传统文学中的特定意义，传承中已成为文人士大夫思想里的基因。

2. 苏轼的伟大之处在于：苏轼打破文化基因的限固、于水月之悲而得生之乐趣——超然、乐观。

以《浣溪沙·游蕲水清泉寺》为例再次感受苏轼的乐观：谁道人生无再少？门前流水尚能西！休将白发唱黄鸡。

七、结语

余秋雨的《苏东坡突围》。

作为儒者，东坡叹"人生短暂，生命渺小"。

作为道者，东坡歌"因缘而适，随遇而安"。

作为来者，我们犹念"无可救药的乐天派—东坡是也"。

（课例设计：高中语文课题组　邹敏）

课堂观察与研究反思

1. 课堂教学是一种师生双边参与的动态变化过程，在课堂上，每一个学生都是一个生动、独立的个体，他们是主动求知与积极探索的主体。教师是这个变化过程的设计者、组织者、引导者，是为学生服务的。所以教师的课堂教学设计，即教学展开过程中的各个教学环节，必须使自己的教学思路满足学生身心发展的需求。

2. 本节课磨课前后，教师在决定教什么与如何教时，全面考虑了学生的学习需求、认知规律与学习兴趣，着眼于辅助、激发、促进学生的学习。也就是说，授课教师进行了充分的学情分析。因为学情分析是教学策略选择和教学活动设计的落脚点，没有学情分析的教学策略，往往是教师一厢情愿的自我表演。

3. 从课题研究角度看，观课、议课有直接观察，也有间接观察；从观察时间来分，有长期观察，也有定期观察；从观察内容来，有全面观察，也有重点观察。方法要易行，结果才真实。

（观察员：四川省崇州市怀远中学课题组　高强　曹诚）

赤壁赋·苏轼

情感线索

乐甚 —— 一乐，与好友饮酒共赏；二乐，水光山色与中天夜月相辉映的美景；三乐，景的辽阔和高远带来心灵的自由与疏放。

悲怆 —— 在观照历史、自然中心生人生易尽，世事虚空之悲——生之意义为何？

喜笑 —— 在变与不变的、物各有主的观念中，达到明朗的境界

由悲而悟生之希望
由虚而得生之乐趣

苏轼到底观照了什么来阐述自己对人生的理解？

水　月

为什么是水月？

分组讨论并请组长整合：
摘抄的水月诗中承载了哪些意义和情感？

月

从先秦古人《诗经·陈风·月出》开始，"明月"就寄托了无数边塞征人、游子思妇、迁客骚人的思念悲情。

王褒《南北朝》《关山月》："关山夜月明，秋色照孤城。"

张九龄（唐）《望月怀远》："海上生明月，天涯共此时。"

月

古人常从"月升月落""月圆月缺"中看到了月在生命、时间中的意义，月化为生命、时间，寄托了时光易逝、物是人非之悲鸣，引发对历史浩瀚、宇宙浩渺之悲叹。

张若虚（唐）《春江花夜月》："江畔何人初见月？江月何年初照人？人生代代无穷已，江月年年望相似。"

刘禹锡（唐）《石头城》："淮水东边旧时月，夜深还过女墙来。"

水

因为水的浩荡无尽，古人常以它来形容情之多、之深、之绵绵无尽。（离情别绪，愁苦哀怨）

李煜（南唐）《虞美人》："问君能有几多愁，恰似一江春水向东流。"

李白（唐）《渡荆门送别》："仍怜故乡水，万里送行舟。"

水

因为水的浩荡无尽，或不止息向东奔流，古人从它身上看到了时光流逝、物是人非、岁月无情、人事沧桑。

孔子（春秋）《论语·子罕》："逝者如斯夫，不舍昼夜。"许浑（唐）《咸阳城西楼晚晚》："行人莫问当年事，故国东来渭水流。"

为什么是水月？

即景抒情

客有"羡长江之无穷""抱明月而长终"之悲问

"水""月"在传统文学中的特定意义，于传承中已成为刻进文人士大夫思想里的基因。

苏轼打破文化基因的限圈

于水月之悲而得生之乐趣

超然、旷达

《浣溪沙·游蕲水清泉寺》

苏轼（1082）（下阕）

谁道人生无再少？
门前流水尚能西！
休将白发唱黄鸡。

《东坡突围》　余秋雨

作为儒者，东坡叹"人生短暂，生命渺小"。
作为道者，东坡歌"因缘而适，随遇而安"。
作为来者，我们犹念"无可救药的乐天派——东坡是也"。

图5-1　《赤壁赋》课件设计展示图组

《说"木叶"》教学设计

教学目标

1. 辨析"木叶""树叶"等概念的差异，理解诗歌语言的暗示性特点。

2. 体会文艺类随笔的文体特征。

3. 运用诗歌语言的暗示性特点进行诗歌欣赏。

重点难点：理解诗歌语言的暗示性特点。

教学课时：新授课，1课时。

教学过程

【导语】我们从小学习古典诗歌，知道其语言极为凝练，诗人在创作诗歌时会反复斟酌和推敲，即便是同一个概念、同一个意象，有时也会有不同的表达方式，如"落英"和"落红"。今天我们一起学习林庚先生对"木叶"这个意象用词的思考。

一、辨析概念，理解诗歌语言的暗示性特点

（一）修改标题，认真阅读并疏通文义

《说"木叶"》中的"木叶"能不能换成"树叶"？

（提示：字斟句酌地寻找文章中能表达或支撑作者观点的语句）

第1段："木叶"突出地成为诗人们笔下钟爱的形象。（"树叶"却很少见用）

第2段："木叶"就是"树叶"，但在古代诗歌中"树叶"十分少见。

第3段：从"木叶"发展到"落木"，关键在于"木"字。诗歌的语言差一点就会差很多。

第4段："木"的第一个艺术特征，含有落叶的因素。

第5段："木"为什么有这个特征？在概念的背后还躲藏着暗示性。

第6段："木"的第二个艺术特征，有"落叶"的微黄与干燥之感，而且带来了疏朗的秋天气息。

明确："木叶"是本文阐述的主体（对象），"木叶"突出地成为诗人们笔下钟爱的形象，在艺术形象上具有特定的暗示性，因此标题中的"木叶"不能替

换为"树叶"。但是，我们要知道，在文章中"木叶""树叶"等只是引子、论据，不能与论点"诗歌语言的暗示性"等价。（第4段前3句，在特定场合，恰好能构成精妙的诗歌语言）

（二）"木叶"和"树叶"的差异

为什么古人多用"木叶"，而很少用"树叶"入诗？请从文中找出林庚先生对这个问题的解答。

（提示：抓住文中关键语句来比较"树叶"和"木叶"的差异，如第4段中"这正是木的第一个艺术特征"，第5段中"这里又还需要说到木在形象上的第二个艺术特征"等）

木叶	树叶
疏朗	繁茂
空阔	饱满
微黄	浓荫
秋月照层岭	高树多悲风
寒风扫高木	海水扬其波
	午阴嘉树清圆

明确：通过以上内容直观地展示、比较"木叶"和"树叶"两个概念的差异，理解诗歌语言暗示性特点。

（三）通过比较，理解诗歌

请同学们结合以下诗句，运用刚才的"直观展示"的比较方法，体会"木叶""落叶""落木"等几个相近概念的差异，进一步理解诗歌语言的暗示性特点。

"袅袅兮秋风，洞庭波兮木叶下。"

"美女妖且闲，采桑歧路间；柔条纷冉冉，落叶何翩翩。"

"无边落木萧萧下，不尽长江滚滚来。"

木叶——窸窣飘零，透些微黄。

落叶——饱含水分、繁密。

落木——比"木叶"更显空阔，连"叶"这一字所保留下来的一点绵密之意也被洗净了。

明确：作者对诗歌语言"暗示性"的解释见文章第5段前3句。

暗示性：仿佛是概念的影子，是躲藏在概念背后的一切潜在的力量，这些潜在的力量与概念中的意义交织组合起来，成为丰富多彩诗句。

说明："概念"就是诗歌语言的直指意，"潜在的力量"就是诗歌语言的联想意。

【补充】（1）钱钟书在《谈中国诗》中阐述中国诗的特点时，同样谈到"诗歌语言的暗示性"。请朗读："一位中国诗人说"到"只影射着说不出来的话"。（2）朱光潜在《咬文嚼字》中阐述"字的联系意义"时，同样谈到"诗歌语言的暗示性"。请朗读："无论是阅读或写作"到"这是一个善用联想意义的例子"。

二、深入研读，体会文艺类随笔的文体特征

（一）修改标题，强化文体意识

《说"木叶"》中的"说"能不能改成"论"？为什么？

明确：不能。"论"体文章更严谨，更重视说理的思辨性和逻辑性；而"说"体文章的表现形式和语言更轻松自由，特别是文艺类随笔，更注重内容的知识性，重在引出对某种观点和哲理的议论，具体表现为观点的自由性和表达方式的灵活性。

（二）合作探讨，文艺类随笔表达观点的自由性

重点阅读文章第 2、3、5 自然段，看看作者在表达自己观点时有哪些语句用得不够严谨。

提示：如文中谈到"树叶"在古诗中的使用频次，第 2 段中，我们在古代的诗歌中为什么很少看见用"树叶"呢？可是为什么单单"树叶"就不常见了呢？那么"树叶"为什么从来就无人过问呢？在第 3 段中，"树叶"可以不用多说，在古诗中很少见人用它。在第 5 段中，有习惯于用单词的古典诗歌中，很少见"树叶"这个词汇了。

明确："很少看见""不常见"" 无人过问"" 很少见人用它" "从来很少见"，语言表达前后存在一定的矛盾，缺乏逻辑自洽性。学术随笔往往是作者闲暇时率性而作，把某一方面的心得甚至是有感而发的思考告诉读者，所以不如学术论文逻辑严谨。

PPT：《全唐诗》中用"木叶"73 次，用"树叶"28 次。《全宋词》中用"木叶"18 次，用"树叶"1 次。《全唐诗》中用"落木"24 次，用"落叶"204 次。《全宋词》中用"落木"10 次，用"落叶"47 次。《元曲选》中用"木叶"82 次，用"落木"50 次，用"落叶"93 次。

——乐建兵、朱国：《也说"木叶"》

明确：与提供的材料相比，作者的个别观点显得证据不足甚至武断。在表达观点时，具有随意性，不是严谨的学术论断。但是，诗歌语言的暗示性特点是毋庸置疑的。

PPT：林庚（1910—2006），现代诗人、古代文学学者、文学史家、北京大学中文系教授、中国古代文学专业博士生导师。著有《春野与窗》《空间的驰想》等六部诗集，以及《中国文学史》《诗人李白》《唐诗综论》等十一部文集。沈从文称其在文学、哲学、佛学、诗文、书画诸方面都极具造诣。

明确：林庚先生是诗人、学者、博士生导师、大学问家。他知识渊博，著述颇丰，我们要学习他勤奋读书，深入研究中华传统文化，传播中华传统文化，并勇于表达自己观点的精神。

（我们要学习林庚先生在文字运用上"必须有一字不肯放松的谨严"精神）

三、运用诗歌语言的暗示性特点进行诗歌欣赏

在我国诗歌中，"梅"是诗人喜欢歌咏的对象之一。下面我们就运用诗歌语言暗示性的特点，品味言外之意，欣赏几首"咏梅"诗。

四、布置作业

古代诗歌中写"柳"的不胜枚举，所表现的感情不尽一致。请就其中任意一首，写一篇200字左右的欣赏性文字。（提示：可从《采薇》中的"昔我往矣，杨柳依依。今我来思，雨雪霏霏。"入手）

结束语

同学们，我们生长在诗的国度里，诗是祖先留给我们的宝贵遗产。

有人说：没有学过中国古诗，就不会知道"红尘"是怎样的纷纷攘攘难舍断；没有学过中国古诗，就不会知道"断肠"是怎样的相思；没有学过中国古诗，就不会知道"江南"是怎样的烟雨朦胧；没有学过中国古诗，就不会知道"天涯"究竟有多遥远；没有学过中国古诗，就不会知道"明月"是怎样的一种乡愁；没有学过中国古诗，就不会知道"落木"是怎样的一种萧瑟空阔。

可见，中国古诗之美，多姿多态。不仅美在形体，也美在风骨。

希望同学们热爱我们的传统文化，爱诗，读诗，写诗，成为一个有激情、有修养的小诗人，成为有中国心的现代文明人！

板书设计

说"木叶"

树叶——繁茂 饱满 浓荫

木叶——窸窣飘零 微黄

落叶——饱含水分 繁密

落木——空阔

课后反思及研究点评

1. 在教学的第二个环节中,我试图通过体会文体特点,融入批判性阅读,让学生首先读懂作者"说了什么",然后再考察作者"说得怎么样"。但课堂教学中,由于我引导地不深入、切入点不准,学生对教学内容感到吃力,影响了目标的达成度。所以,课堂教学中不仅要"以生为本",还要"以学定教",基于学情来选择恰当的教学内容。

2. 在对文本的探究环节中,通过让学生朗读文本重要段落,引导学生辨析几个主要概念,培养了学生准确筛选有效信息的辩证思维能力。在我的引领和生生之间的讨论中,学生领悟到林庚先生在文字运用上"必须有一字不肯放松的谨严"精神,达成了教学目标,学生的诗歌欣赏能力也有一定的提高。

3. 林庚先生在文章中引用了大量的古诗词以及其他诗意的表达,使得文章富有诗意。我在课堂教学中没有让学生"大量诵读",没让学生徜徉在诗中去感受中国诗歌的艺术美,这是最大的遗憾。

我们祖国的语言(母语)——中文

中文之美,美在形体,也美在风骨。有人说:没有学过中国古诗,就不会知道"红尘"是怎样的纷纷攘攘难舍的;没有学过中国古诗,就不会知道"断肠"是怎样的相思;没有学过中国古诗,就不会知道"江南"是怎样的烟雨朦胧;没有学过中国古诗,就不会知道"天涯"究竟有多遥远;没有学过中国古诗,就不会知道"明月"是怎样的一种乡愁;没有学过中国古诗,就不会知道"落木"是怎样的一种萧瑟空阔。

教学目标
(1)辨析"木叶""树叶""落叶""落木"等概念的差异,理解诗歌语言的暗示性特点。
(2)体会文艺类随笔的文体特征。
(3)运用诗歌语言的暗示性特点进行诗歌欣赏。

理解诗歌语言的暗示性特点。

找找文章中能表达或支撑作者观点的语句。
第1段:"木叶"突出地成为诗人们笔下钟爱的形象。("树叶"却很少见用)
第3段:从"木叶"发展到"落木",关键在于"木"字。诗歌的语言差一点就会差很多。
第4段:"木"的第一个艺术特征,含有落叶的因素。
第6段:"木"的第二个艺术特征,有"落叶"的微黄与干燥之感,而且带来了疏朗的秋天气息。

"木叶"突出地成为诗人们笔下钟爱的形象。

为什么古人多用"木叶",而很少用"树叶"入诗?请从文章中找出林庚先生对这个问题的解答。

找一找

5

"木"在形象上的艺术特征

其一,"木"比"树"更显得单纯,它仿佛本身就含有一个落叶的因素;

其二,"木"不但容易让我们想起树干,而且还会带来"木"所暗示的颜色性(微黄而干燥)。

"木"的这两个艺术特征,我们不妨用课文中的一个词概括一下 **暗示性**

6

比一比 既然"木"与"树"各有其特征,且"木"具有暗示性,我们就来比较一下二者的区别

"木"—木头、木料—树干(疏朗)—落叶—秋天—离愁别绪—悲

"树"—繁密叶子 浓阴 —不是秋天 —没有离愁别绪 —不悲

7

请同学们体会以下诗句,感受"木叶"与"树叶"的不同

高树多悲风,
海水扬其波。
(饱满)

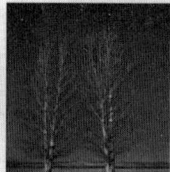

秋月照层岭,
寒风扫高木。
(空阔)

8

读一读

1.袅袅兮秋风,洞庭波兮木叶下。
2.洞庭始波,木叶微脱。
3.木叶下,江波连,秋月照浦云歌山。
4.亭皋木叶下,陇首征云飞。
5.九月寒砧催木叶,十年征戍忆辽阳。
6.无边落木萧萧下,不尽长江滚滚来。
7.辞洞庭兮落木,去涔阳兮极浦。
8.秋月照层岭,寒风扫高木。

通过阅读这些诗句,你发现一个什么规律?

9

请同学们结合以下诗句,再次体会"木叶""落叶""落木"带给我们的不同感受

"袅袅兮秋风,洞庭波兮木叶下。"
"美女妖且闲,采桑歧路间;柔条纷冉冉,落叶何翩翩。"
"无边落木萧萧下,不尽长江滚滚来。"

木叶— 窣窣飘零透些微黄

落叶— 饱含水分、繁密

落木— 比"木叶"更显空阔,连"叶"这一字所保留下来的一点绵密之意也洗净了。

10

乐建兵、朱国:《也说"木叶"》

《全唐诗》中用"木叶"73次,用"树叶"28次。
《全宋词》中用"木叶"18次,用"树叶"1次。
《全唐诗》中用"落木"24次,用"落叶"204次。
《全宋词》中用"落木"10次,用"落叶"47次。
《元曲选》中用"木叶"82次,用"落木"50次,用"落叶"93次。

11

- 林庚(1910—2006),现代诗人、古代文学学者、文学史家、北京大学中文系教授、中国古代文学专业博士生导师。
- 著有《春野与窗》《空间的驰想》等六部诗集以及《中国文学史》《诗人李白》《唐诗综论》等十一部文集。沈从文称其在文学、哲学、佛学、诗文、书画诸方面都极具造诣。

12

林庚先生是诗人、学者、博士生导师、大学问家。他知识渊博，著述颇丰，我们要学习他勤奋读书，深入研究中华传统文化，传播中华传统文化，并勇于表达自己观点的精神。

13

背一背

登　高

风急天高猿啸哀，渚清沙白鸟飞回。
无边落木萧萧下，不尽长江滚滚来。
万里悲秋常作客，百年多病独登台。
艰难苦恨繁霜鬓，潦倒新停浊酒杯。

14

根据诗人、学者林庚先生的分析，杜甫为什么用"落木"而不用"木叶"呢？（讨论回答）

"落木"比"落叶"更显空阔，连"叶"这一字所保留下来的一点绵密之意也洗净了，引人联想，暗示性更强。

15

拓展探究

诗歌的语言具有暗示性特点。古代诗歌中，如"梅""柳""草"等，都具有暗示性，能引人联想。敏感而有修养的诗人能认识它们一切潜在的力量，使诗歌的语言不落于言筌，富于感染性、启发性。因此，我们在欣赏诗歌时，不仅要品尝语言的言内之意，还要品味言外之意。

16

在我国诗歌中，"梅"是诗人喜欢歌咏的对象之一。下面我们就运用诗歌语言暗示性的特点，欣赏几首"咏梅"诗。

17

梅花　王安石

墙角数枝梅，凌寒独自开。
遥知不是雪，为有暗香来。

卜算子　咏梅　陆游

驿外断桥边，寂寞开无主。
已是黄昏独自愁，更著风和雨。

无意苦争春，一任群芳妒。
零落成泥碾作尘，只有香如故。

18

卜算子　咏梅　毛泽东

风雨送春归，飞雪迎春到。
已是悬崖百丈冰，犹有花枝俏。

俏也不争春，只把春来报。
待到山花烂漫时，她在丛中笑。

19

（1）王安石的《梅花》表现的是我国古代传统文化中的"凌寒独自开"的高贵品质，是高贵圣洁的象征。（2）陆游的《卜算子　咏梅》表达的是"寂寞开无主"的无奈、"黄昏独自愁"的凄凉心境，以及坚持理想、不同流合污的美好品质。（3）毛泽东的词与陆游的词题、调相同，言外之意截然不同，毛泽东把陆游词中对梅花不幸遭遇的倾诉和孤芳自赏的表露化为对它达观坚定的描述和高贵圣洁的赞颂，毛词有一种超越时空的壮美，豪放乐观，振奋人心。

20

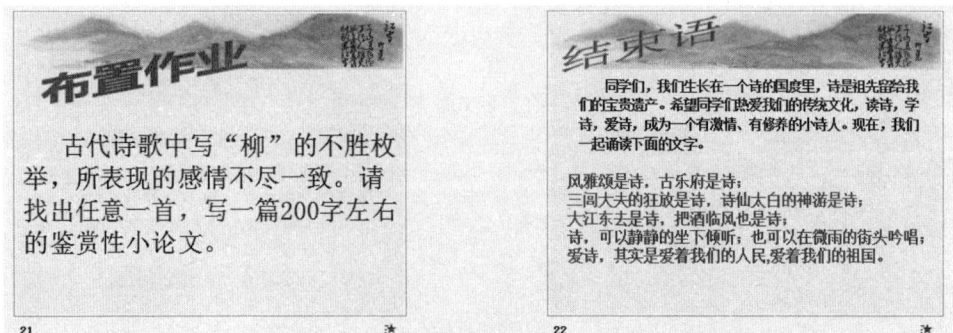

图 5-2 　《说"木叶"》课件设计展示组图

《直线与平面垂直的判定》学案

一、教材分析

本节课内容选自《数学 2 必修》第 2 章。本节课主要学习直线与平面垂直的定义、判定定理及其初步运用。

本节课中的线面垂直定义是探究线面垂直判定定理的基础；线面垂直的判定定理充分体现了线线垂直与线面垂直之间的转化，它既是后面学习面面垂直的基础，又是连接线线垂直和面面垂直的纽带。学好这部分内容，对于学生建立空间观念，实现从认识平面图形到认识立体图形的飞跃，是非常重要的。

二、学情分析

本节课的受众是高二的学生，在学习本节课之前，学生已经学习并掌握了线线垂直的证明，并且学习了空间内直线与平面位置关系以及直线与平面平行的知识，因此学生对于线面垂直的判定定理的学习有良好的认知基础。但是学生受线面平行的影响，很容易由一直线垂直于一平面内一直线得出线面垂直，由于平面内看不到直线，要让学生去体会"与平面内所有直线垂直"就有一定困难。同时，线面垂直判定定理的发现具有一定的隐蔽性，学生不易想到。

三、学习重点、难点

重点：直观感知、操作确认，概括出直线与平面垂直的定义和判定定理。

难点：运用直线与平面垂直的定义和判定定理解决数学问题。

四、课标要求

（一）知识与技能目标

1. 用数学语言表述有关平行、垂直的判定与性质。

2. 认识和探索空间图形的性质，建立空间观念。

（二）过程与方法目标

1. 利用 PPT 展示历史上的四大数学家（开普勒、伽利略、华罗庚、牛顿），让四位数学家对学生进行提问，从而实现学生对实例、图片的观察，进而概括定义，正确理解定义，增强观察能力，实现从感性认识到理性认识的转变。

2．在探索直线与平面垂直判定定理的过程中感悟和体验"空间问题转化为平面问题""线面垂直转化为线线垂直""无限转化为有限"等数学思想。

（三）情感态度与价值观目标

1．通过对空间中直线与平面垂直定义的归纳，感受生活中的数学美。

2．通过直线与平面垂直判定定理的探究，体验探索的乐趣。

五、课程实施过程

1．港珠澳跨海大桥的设计问题引入新课。

2．逐步探索，得出定义。

问题：生活中，你见到的线面垂直的现象有哪些？除了这些以外，你还有什么发现？

【师生活动】学生列举生活中的线面垂直现象，然后教师也展示生活中的一些线面垂直现象，例如篮球架和地面垂直，旗杆和地面垂直。对于旗杆与地面垂直的现象进行抽象化，让学生对下列问题进行思考。

思考：

（1）阳光下，旗杆与它在地面上的影子所成的角是多少度？

（2）随着太阳的移动，影子 BC 的位置也会移动，而旗杆与影子所成的角是否会发生改变？

（3）旗杆与地面上任意一条不过点 O 的直线 m 的位置关系如何？依据是什么？

【师生活动】师生一起给出线面垂直的定义：如果直线 l 与平面内 α 的任意一条直线都垂直，我们就说直线 l 与平面 α 互相垂直，记作：$l \perp \alpha$。直线 l 叫作平面 α 的垂线，平面 α 叫作直线 l 的垂面。直线与平面垂直时，它们唯一的公共点 P 叫作垂足。

3．创设情境，猜想定理。

【师生活动】教师引导学生认识到由于利用直线与平面垂直的定义直接判定直线与平面垂直是非常困难的，需要寻找简捷、可行的方法来判定直线与平面垂直。

【实验】准备一个三角形纸片，三个顶点分别记作 A、B、C。如图 5-3，过 $\triangle ABC$ 的顶点 A 折叠纸片，得到折痕 AD，将折叠后的纸片打开竖起放置在桌面

上。（使 *BD*、*DC* 边与桌面接触）

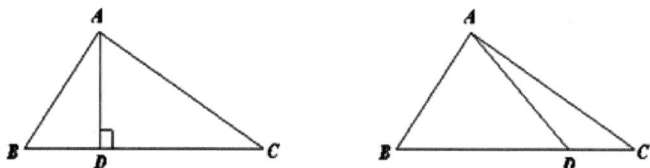

图 5-3

【师生活动】教师引导学生分别根据这两个示意图进行实验，并思考：

（1）折痕 *AD* 与桌面一定垂直吗？

（2）如何翻折才能保证折痕与桌面所在平面肯定垂直？

（3）翻折前 *AD* ⊥ *BC*，翻折后垂直关系还成立吗？

（4）通过上面的活动，你能得出直线与平面垂直的一个判定方法吗？

【师生活动】教师引导学生操作：将纸片绕直线 *AD*（点 *D* 始终在桌面内）转动，使得直线 *CD*、*BD* 不在桌面所在平面内。问：直线 *AD* 现在还垂直于桌面所在平面吗？

问题：如果我们把折痕抽象为直线 *l*，把 *BD*、*CD* 抽象为直线 *a*、*b*，把桌面抽象为平面 *α*（如图 5-4），那么你认为保证直线 *l* 与平面 *α* 垂直的条件是什么？

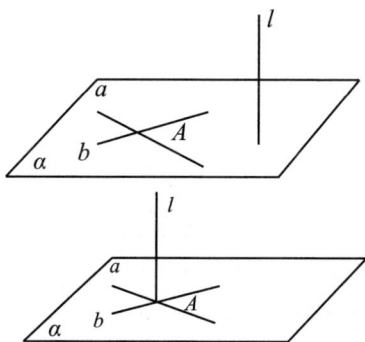

图 5-4

问题：如果将图中的两条相交直线 *a*、*b* 的位置改变一下，仍保证 *l* ⊥ *a*，*l* ⊥ *b*，你认为直线 *l* 还垂直于平面 *α* 吗？

【师生活动】教师引导学生根据试验给出直线与平面垂直的判定方法。引导学生从文字语言、图形语言、符号语言三个方面表述直线和平面垂直的判定定理。

文字语言：一条直线与一个平面内的两条相交直线都垂直，则该直线与此平面垂直。

图形语言（图5-5）：

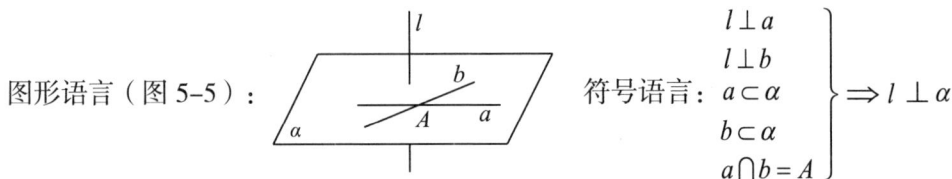

符号语言：$\left.\begin{array}{l} l \perp a \\ l \perp b \\ a \subset \alpha \\ b \subset \alpha \\ a \cap b = A \end{array}\right\} \Rightarrow l \perp \alpha$

图 5-5

4. 运用定理，证明问题。

练习：如图5-6，在长方体 $ABCD\text{-}A_1B_1C_1D_1$ 中，请认真观察图形后回答以下问题。

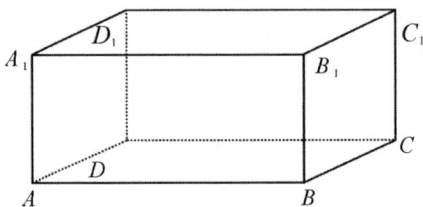

图 5-6

（1）与平面 $ABCD$ 垂直的直线有_____。

（2）与直线 AB 垂直的平面有_____。

思考：如图5-7，AB 是圆 O 的直径，PA 垂直于圆 O 所在的平面，C 是圆周上不同于 A、B 的任意一点。

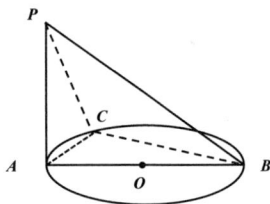

求证：（1）$PA \perp BC$；（2）$BC \perp$ 平面 PAC。

图 5-7

5. 回顾总结，布置作业。

6. 阅读材料。（运用向量知识证明直线与平面垂直的判定定理）

（课例设计：高中数学课题组　杨洪）

观课议课与研究反思

1. 教师要想使自己的教学效果达到最佳状态，必须要分析学生的实际情况。本节课打磨前后，授课教师充分开展学情分析，不仅分析学生的整体具有的特点，同时还分析了学生间的个体差异。

2. 课前，授课教师非常用心，在日常掌握学生基本情况的基础上，备课前进行了具体的学情分析。课中，授课教师特别注意观察学生的活动，与学生进行交互，走近学生并留心他们的表现，教学效果较好。因此，可以说，教学经验的累积没有捷径可循。

3. 学情分析，可繁可简。成熟教师，之所以能简中见繁，皆因曾于繁中历练，正如无数次山重水复后的柳暗花明；年轻教师，必思于繁、行于简，才能逐步在繁杂纷乱中循出属于自己的规律，逐步螺旋上升、积淀经验。

（点评人：四川省崇州市怀远中学课题组　高强　周芳）

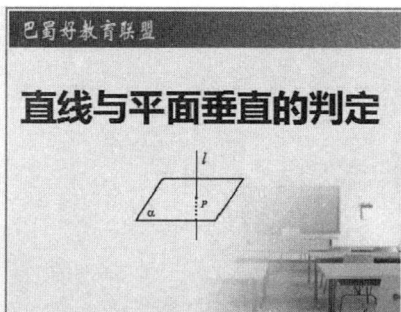

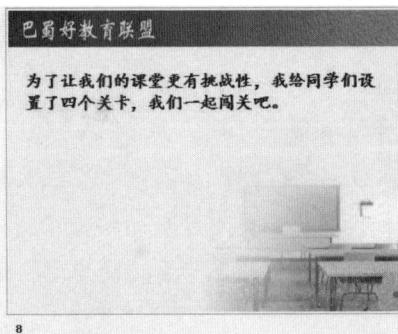

为了让我们的课堂更有挑战性，我给同学们设置了四个关卡，我们一起闯关吧。

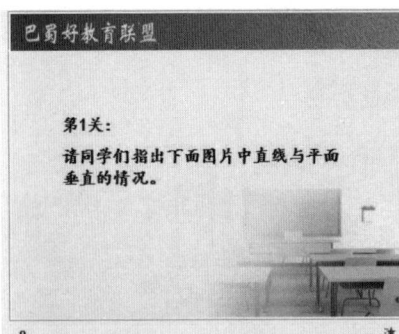

第1关：

请同学们指出下面图片中直线与平面垂直的情况。

同学们：恭喜通过第一关

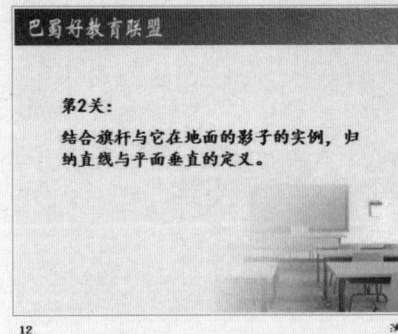

第2关：

结合旗杆与它在地面的影子的实例，归纳直线与平面垂直的定义。

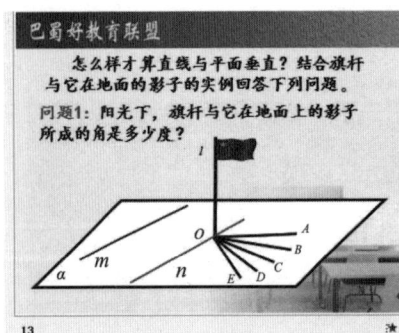

怎么样才算直线与平面垂直？结合旗杆与它在地面的影子的实例回答下列问题。

问题1：阳光下，旗杆与它在地面上的影子所成的角是多少度？

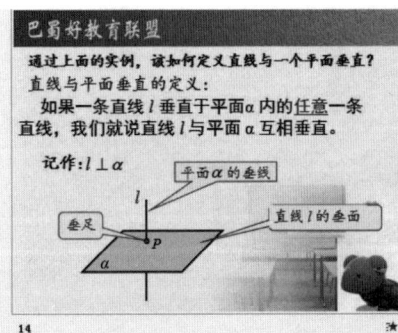

通过上面的实例，该如何定义直线与一个平面垂直？

直线与平面垂直的定义：

如果一条直线 l 垂直于平面α内的任意一条直线，我们就说直线 l 与平面α互相垂直。

记作：$l \perp α$

平面α的垂线

垂足

直线 l 的垂面

15　00:00

巴蜀好教育联盟

由定义知：

一条直线垂直于一平面内的所有直线

⟹ 这条直线垂直该平面

反过来：

一条直线垂直一平面

⟹ 这条直线垂直于该平面内的所有直线

16

巴蜀好教育联盟

练习　判断下列语句是否正确：

1. 如果一条直线与一个平面垂直，那么它与平面内所有的直线都垂直。　　（✓）

2. 如果一条直线与平面内无数条直线都垂直，那么它与平面垂直。　　（✗）

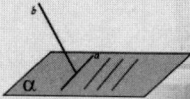

17

巴蜀好教育联盟

思考：根据直线与平面垂直的定义，是否把平面中的直线一一找出，才能证明直线与平面垂直？能否有更简单的做法得到直线和平面垂直？

18

巴蜀好教育联盟

第3关：

请同学们动起手来，一起做试验。

19

巴蜀好教育联盟

探究活动：请同学们拿出一块三角形的纸片，做以下实验：过入 △ABC 的顶点 A 翻折纸片，得到折痕 AD，将翻折后的纸片竖起来放置在桌面上（BD、DC 与桌面接触）。

（1）折痕 AD 与桌面一定垂直吗？

（2）如何翻折才能保证折痕与桌面所在平面肯定垂直？

（3）翻折前 AD ⊥ BC，翻折后垂直关系还成立吗？

（4）通过上面的活动，你能得到直线与平面垂直的一个判定方法吗？

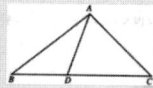

20

巴蜀好教育联盟

直线与平面垂直判定定理

21

同学们：恭喜通过第三关

22　00:00

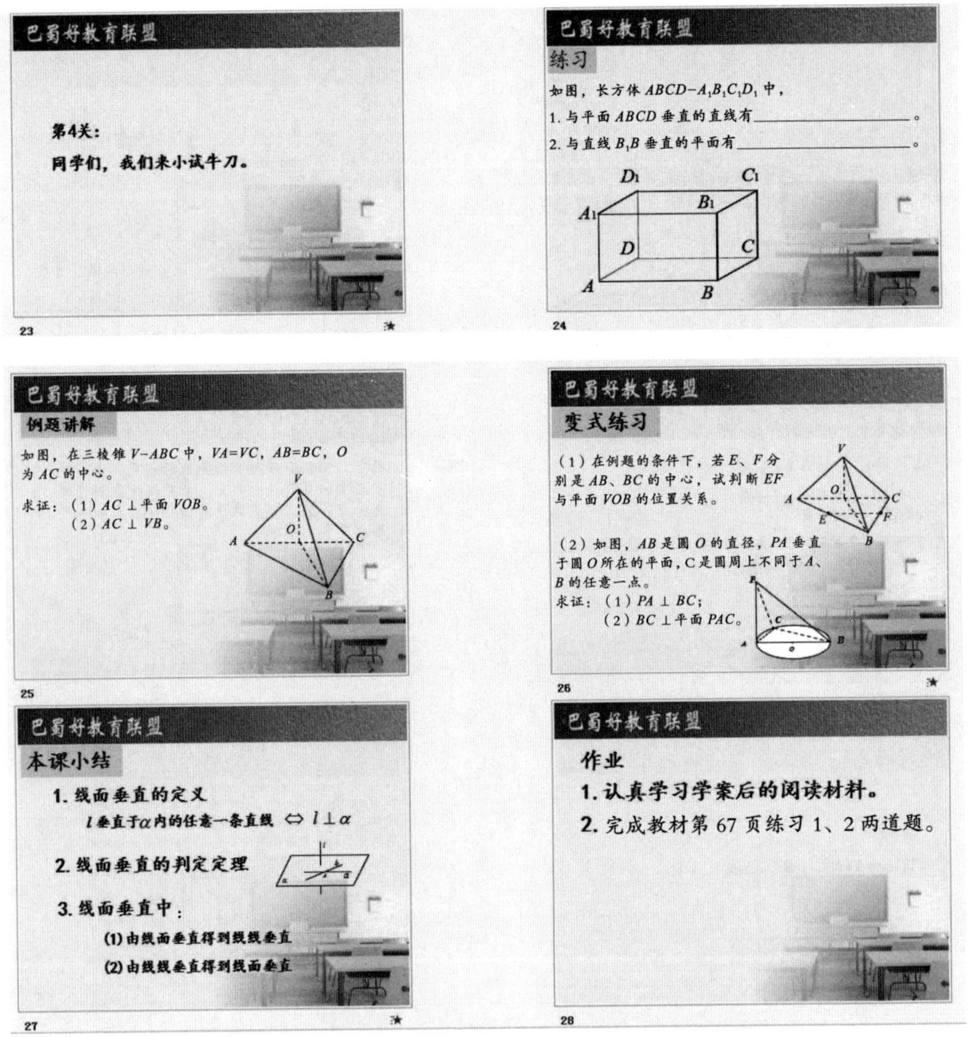

图 5–8 《直线与平面垂直的判定》课件设计展示组图

《平行四边形的判定》教学设计

一、学情分析

学生知识技能基础：学生在小学已经学习过平行四边形，对平行四边形有直观的感知和认识。此外，学生在第 1 节也学习了平行四边形的性质，可以考虑采用类比的方式进行教学设计。

学生活动经验基础：在以前的几何学习中，学生已经获得对定理、性质的探索经验，已经初步具备观察、猜想、验证和证明的能力。同时，学生拥有丰富的共同体学习的经验，具有共同体学习的基础。

二、教学任务分析

本节课是平行四边形判定的第一课时，是在学习了三角形的相关知识、平行四边形的概念、性质的基础上进行学习的，在教学内容上起着承上启下的作用。"承上"，首先，在探究判定定理的证明方法和运用判定定理时，都用到了全等三角形的相关知识；其次，平行四边形的判定定理和性质定理是两两对应的互逆定理，本节课在引入新课时就是利用类比性质引入判定的。"启下"，首先，平行四边形的性质定理、判定定理是研究特殊的平行四边形的基础；其次，平行四边形性质、判定的探究模式，从方法上为研究特殊的平行四边形奠定了基础。并且，本节内容还是学生运用化归思想、模型思想的良好素材，培养了学生的发散思维和优选意识。为此，本节课的教学目标如下。

第一，经历平行四边形判定定理的探索过程，提高学生的逻辑思维能力和论证表达能力。

第二，理解和运用平行四边形的性质和三个判定定理，提高学生合情推理和演绎推理能力。

第三，经历一题多解、一题多变的过程，增强学生优选意识，提高透过现象看本质的能力，形成模型思想。

第四，经历学习共同体的学习过程，培养学生与他人合作交流的能力，积累数学活动经验，增进学生间的伙伴关系，激发共同体学习的热情。

三、教学过程设计

按照智慧教育课堂教学模式，本节课共设计了七个环节：问题引入、探索新知、应用新知、举一反三、解决问题、课堂练习、课堂小结。

第一环节：问题引入。

播放画平行四边形的小视频，提出问题："小明说他画一次平行就可以得到平行四边形，您觉得可行吗？"

设计意图：从学生生活中熟悉的想象入手，提出问题，引发学生思考，多数学生都没有画一次平行就得到平行四边形的经验，都会回答"不可行"，从而激发学生的求知欲，带着期待去学习本课。

第二环节：探索新知。

问题1：勾股定理和勾股定理的逆定理之间的关系是什么？类比学习平行四边形的性质与平行四边形的判定。

问题2：平行四边形的性质是什么？它的逆命题是什么？

平行四边形的判定的猜想：

1. 定义。

2. 两组对边分别相等的四边形是平行四边形。

3. 两组对角相等的四边形是平行四边形。

4. 对角线互相平分的四边形是平行四边形。

定义既是性质也是判定，无需证明；本节课只证明关于边的判定。

猜想1：两组对边分别相等的四边形是平行四边形。

如图5-9，在四边形 $ABCD$ 中，$AB=CD$，$AD=BC$。

求证：四边形 $ABCD$ 是平行四边形。

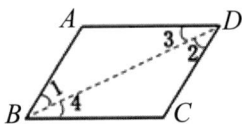

图5-9

证明：∵ $AB=CD$，$AD=CB$，$BD=DB$，

∴ $\triangle ABD \cong \triangle CDB$，

∴ $\angle 1= \angle 2$，$\angle 3= \angle 4$，

∴ $AB \parallel CD$，$AD \parallel CB$，

∴ 四边形 $ABCD$ 是平行四边形。

平行四边形判定1：两组对边分别相等的四边形是平行四边形。

设计意图：通过学生口述其推理论证的过程，培养学生分析问题的能力。由于学生自学过，所以学生的口述可以简明扼要，学生如果有困难，老师可以进行适当的引导。

问题：如果一个四边形只是已知一组对边平行，它一定是平行四边形吗？如果添加一个条件"且这组对边相等"，那它一定是平行四边形吗？

猜想2：一组对边平行且相等的四边形是平行四边形。

如图5-10（1），在四边形 $ABCD$ 中，$AB /\!/ CD$，且 $AB=CD$。

求证：四边形 $ABCD$ 是平行四边形。

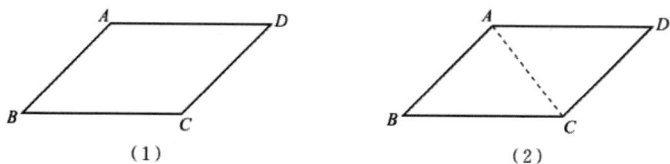

图 5-10

证明：如图5-10（2），连接 AC，

∵ $AB /\!/ CD$，

∴ $\angle BAC = \angle ACD$。

又∵ $AB=CD$，$AC=CA$，

∴ $\triangle BAC \cong \triangle DCA$，

∴ $BC=AD$，

∴ 四边形 $ABCD$ 是平行四边形。

平行四边形判定2：一组对边平行且相等的四边形是平行四边形。

引入符号"$\underline{/\!/}$"，读作"平行且等于"。

平行四边形的判定。

1. 定义几何语言：∵ $AB /\!/ CD$，$AD /\!/ BC$，

　　　　　　　　∴四边形 $ABCD$ 是平行四边形。

2. 平行四边形判定1：两组对边分别相等的四边形是平行四边形。

几何语言：∵ $AB=CD$，$AD=BC$，

　　　　　　∴四边形 $ABCD$ 是平行四边形。

3. 平行四边形判定2：一组对边平行且相等的四边形是平行四边形。

几何语言：∵ $AB \underline{/\!/} CD$，

　　　　　　∴四边形 $ABCD$ 是平行四边形。

方法小结：以上两个定理的证明基本思想是什么？将平行四边形问题转化为三角形问题，体现了什么数学思想？

设计意图：通过学生口述其推理论证的过程，培养学生分析问题的能力。由于学生自学过，重点关注学生的思路是否清晰，学生如果有困难，教师可以进行适当的引导。

第三环节：应用新知。

例 1 如图 5-11，在 $\square ABCD$ 中，点 E、F 分别是 AD 和 BC 的中点。

求证：四边形 $BFDE$ 是平行四边形。

证明：

方法一：

∵ 四边形 $ABCD$ 是平行四边形，

∴ $AD=BC$，$AD \parallel BC$。

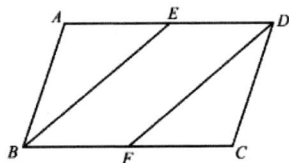

图 5-11

又∵ E、F 分别是 AD 和 BC 的中点，

∴ $ED=\dfrac{1}{2}AD$，$BF=\dfrac{1}{2}BC$，

∴ $ED=BF$。

又∵ $ED \parallel BF$，

∴ 四边形 $BFDE$ 是平行四边形。（一组对边平行且相等的四边形是平行四边形）

讨论活动：还能用其他平行四边形的判定来证明吗？

方法二：

∵ 四边形 $ABCD$ 是平行四边形，

∴ $AD=CB$，$AB=CD$，$AD \parallel CB$，$\angle A = \angle C$。

又∵ 点 E、F 分别是 AD、BC 的中点，

∴ $ED=\dfrac{1}{2}AD$，$BF=\dfrac{1}{2}BC$，

∴ $ED=BF$。

又∵ $\angle A = \angle C$，$AB=CD$，

∴ $\triangle AEB \cong \triangle CFD$(SAS)，

∴ $BE=DF$。

又∵ $ED=BF$，

∴ 四边形 $BFDE$ 是平行四边形。（两组对边分别相等的四边形是平行四边形）

方法三：

∵四边形 $ABCD$ 是平行四边形，

∴ $AD=CB$，$AB=CD$，$AD \parallel CB$，$\angle A = \angle C$。

又∵点 E、F 分别是 AD、BC 的中点，

∴ $ED=AE=\dfrac{1}{2}AD$，$FB=CF=\dfrac{1}{2}CB$，

∴ $AE=CF$。

又∵ $\angle A = \angle C$，$AB=CD$，

∴ $\triangle AEB \cong \triangle CFD(SAS)$，

∴ $\angle AEB = \angle DFC$。

又∵ $AD \parallel CB$，

∴ $\angle ADF = \angle DFC$，

∴ $\angle AEB = \angle ADF$，

∴ $BE \parallel DF$。

又∵ $DE \parallel BF$，

∴四边形 $BFDE$ 是平行四边形。（两组对边分别平行的四边形是平行四边形）

讨论活动：

1. 以上三种方法你更喜欢哪种？为什么？

2. 证明平行四边形时，怎样选择平行四边形的判定呢？

设计意图：旨在让学生体会一题多解，培养学生的发散性思维。通过比较各种方法的优劣，教会学生在一道题目有多种解法时，优选的方法。给学生利用共同体解决学习中遇到的难题提供平台。

第四环节：举一反三。

1. 如果把例 1 的已知条件"E、F 分别是 AD 和 BC 的中点"改成"E、F 分别是 AD 和 BC 上的点，且 $AE=CF$"，"四边形 $BFDE$ 是平行四边形"的结论还成立吗？请你说明。

2. 如果把例 1 的已知条件"E、F 分别是 AD 和 BC 的中点"改成"BE、DF 分别是 $\angle ABF$ 和 $\angle ADC$ 的平分线"，"四边形 $BFDE$ 是平行四边形"的结论还成立吗？请你说明。

设计意图：让学生看清此类题型的本质，学会使用类比的方法，并体会这几道题目之间的关系，形成模型思想。

第五环节：解决问题。

回到开课前的问题："小明画一次平行，得到平行四边形，你知道是怎么画的了吗？"

答：依据是一组对边平行且相等的四边形是平行四边形。

设计意图：旨在向学生传达生活现象隐含着数学原理，数学问题来源于生活，数学又能解决生活中的问题。学生感受到数学学习的重要性和实用性。

第六环节：课堂练习。

学生完成课堂练习。及时反馈，再由学生当堂答疑。

一、选择题

1. 如图 5-12，点 A 是直线 l 外一点，在 l 上取两点 B、C，分别以 A、C 为圆心，BC、AB 长为半径画弧，两弧交于点 D，分别连接 AB、AD、CD，则四边形 $ABCD$ 一定是（　）。

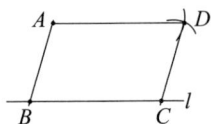
图 5-12

    A．任意四边形　　　　　B．平行四边形

    C．长方形　　　　　　　D．正方形

2. 如图 5-13 所示，四个全等的等边三角形拼成一个大的三角形，找出图中所有的平行四边形的个数（　）。

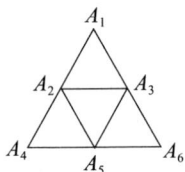
图 5-13

    A．1 个　　　B．2 个　　　C．3 个　　　D．4 个

二、填空题

3. 若点 A、B、C、D 在同一平面内，从 ① $AB /\!/ CD$；② $AB=CD$；③ $BC=AD$；④ $BC /\!/ AD$。这四个条件中任选两个，能使四边形 $ABCD$ 是平行四边形的选法有 _____。

4. 如图 5-14 所示，$AC=BD=16$，$AB=CD=EF=15$，$CE=DF=9$，图中有几组互相平行的线段？ _____。

设计意图：通过及时反馈，精准反映学生的掌握情况，让学生进一步熟练掌握平行四边形的判定。

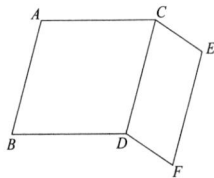
图 5-14

第七环节：课堂小结。

从知识点、基本方法、基本思想、学习共同体四个方面进行总结。

设计意图：让学生归纳本节课的知识点，让学生意识到本节课学习内容的丰富；同时又引导学生发现一节课的收获不仅仅是知识，还有方法和思想以及情感；在共同体的学习中，促进伙伴关系，学会倾听，收获到自信、友谊。

四、设计说明与反思

本节课在引入的环节上，采用问题引入的方式，促进学生关注生活、学会思考，激发学生学习的兴趣。然后复习了勾股定理及其逆定理，唤起学生对已有知识的回忆，让学生轻松地理解、学习平行四边形的判定，为接下来类比探究平行四边形的判定做了铺垫。

本节课是学习共同体的课堂，构建合作型课堂，以学生为主体，学生互教互学，相互支持，教师只是学习的设计者、组织者。本节课判定方法的得出就非常重视知识的发生、形成过程，亲历了类比、猜想、验证、推理的整个过程，培养学生的探究能力，发展学生的合情推理能力。课堂上由学生来证明判定、答疑解惑、课堂小结，充分发挥了学生的主观能动性，遇到难点时设计了讨论活动，充分发挥学习共同体的作用，共同探索，共同攻克难题。

数学的学习要重视学习方法的指导。本节课通过一题多解、一题多变，引导学生善于抓住图形的基本特征和题目的内在联系，形成模型思想，达到触类旁通的效果。

（课例设计：怀远中学智慧教育课程课题组　吴海燕）

《功》教学设计

整体设计说明

功和能的概念是物理学中重要的基本概念且贯穿在全部物理学中，所以教材在第 1 节给出能量的概念后，接着对功进行研究和讨论。学生在初中已经接触过功，但这节内容并不是初中内容的简单重复，而是内容的深化和拓展，尤其让学生注意区分日常生活中我们所说的做"工"与力对物体的做功的区别。

教材从学生常见的举重运动员举起杠铃、小孩下滑、射箭的事例入手，便于学生认识的逐步加深。教材本着创设情景、设疑激趣的原则，引导学生先分析力与位移同向的例子，然后探究力与位移有夹角时功的求解。在实际问题中，一个运动的物体往往不只受一个力的作用。教学中，让学生多举例子，体会这些力在物体产生一个位移的过程中，有的是动力，有的可能是阻力，还有的力对物体的位移没有直接的影响，从而引出正、负功的概念。教师要逐步引导学生总结、归纳力做正、负功的条件，不要急于求成。

在实际教学过程中，应多举实例，让学生通过动脑、观察、分析、总结、表述的过程，深化对概念的理解；再辅以针对性较强的课堂训练，使学生能够熟练掌握功的基本概念及其求解方法。

课时安排

一课时。

三维目标

知识与技能：

1. 理解功的概念，能利用功的一般公式进行功的计算。

2. 理解总功，能计算合外力对物体所做的总功。

3. 理解功是能量转化的量度，并能举例说明。

过程与方法：

1. 能从现实生活中发现与功有关的问题。

2. 体会科学研究方法对人类认识自然的重要作用。

3. 能运用功的概念解决一些与生产和生活相关的实际问题。

情感态度与价值观：

有参与科技活动的热情，有将功的知识应用于生活和生产实际的意识，勇于探究与日常生活有关的物理学问题。

教学重点

理解功的概念及正、负功的意义。

教学难点

利用功的定义解决有关问题。

教学过程

一、新课导入

1. 回顾高一上学期和这学期所学内容，同时指出这些内容是从力和运动的角度解决动力学问题。接下来，我们将从能量的角度来处理动力学问题，从而引入新课——《功》。

2. 展示教学目标。

二、进行新课

（一）功和能量

利用教材 P58 图 4-1-1，提出问题：

1. 各图中什么力对物体做功？

2. 在做功的过程中，物体的能量怎样变化？

小结：做功总是与能量的变化密切相关，做功的过程，其实质就是能量变化的过程，因此能量变化了多少，我们就可以用功来度量。

（二）如何判断一个力是否对物体做了功

复习回顾：功这个概念同学们并不陌生，我们在初中已经学习过它的初步知识。让同学们思考做功的两个因素，一是作用在物体上的力，二是物体在力的方向上移动的距离。

扩展教学：精确描述为作用在物体上的力，物体在力的方向上移动的位移。即如果一个物体受到力的作用，并且在力的方向上发生了位移，物理学中就说这个力对物体做了功。

点评：通过知识回顾，复习做功的两个要素，并通过简单的课堂演示，让学生现场分析做功情况，加深做功要素的理解，并强调分析一个力是否对物体做功，关键是要看受力物体在这个力的方向上是否有位移。

（三）如何计算一个力对物体做了多少功

1. 推导功的一般表达式。

问题 1：如果力的方向与物体的运动方向一致，应该怎样计算这个力的功？

课件展示情景一：

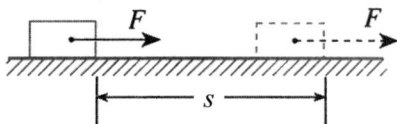

教师指导学生思考问题，根据功的概念独立推导，尤其强调力和位移方向一致，这时功等于力跟物体在力的方向上移动的位移的乘积，即 $W=Fs$。

问题 2：若力的方向与物体的运动方向垂直，该怎样计算功呢？

课件展示情景二：

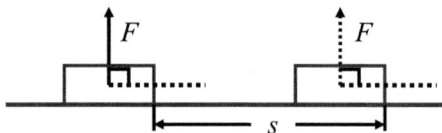

问题 3：如果力的方向与物体的位移方向（或者运动方向）成某一角度，应如何计算这个力的功？

课件展示情景三：

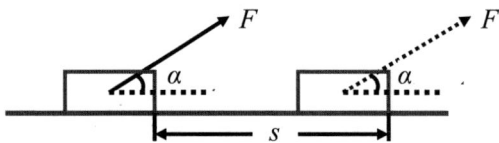

（1）把力 F 分解到位移 s 方向上。

（2）把位移 s 分解到力 F 的方向上。

引导学生利用这两种思想进行推导功的一般表达式：$W=Fs\cos\alpha$

理解：

（1）公式中 F 应为恒力，即大小、方向不变。

（2）做功与物体运动形式（匀速或变速）无关，也就是说，当 F、s 及其夹

角 α 确定后，功 W 就有确定值。

（3）计算功时，一定要明确是哪个力对物体做的功。

（4）功是过程量，是力在空间的积累量。

（5）公式中的单位 F——牛（N），s——米（m），W——焦（J）。

2. 讨论功的正负。

例题 1：计算下列各图中，力 F 所做的功，其中 F=100N，s=1m，cos150°
= - cos30°。

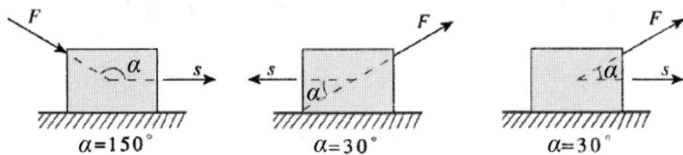

讨论：

（1）当 $\alpha=\dfrac{\pi}{2}$ 时，cosα=0，W=0。力 F 和位移 s 的方向垂直时，力 F 不做功。

（2）当 $\alpha<\dfrac{\pi}{2}$ 时，cosα>0，W>0。这表示力 F 对物体做正功。

（3）当 $\dfrac{\pi}{2}<\alpha\leqslant\pi$ 时，cosα<0，W<0。这表示力 F 对物体做负功。

点评：教师通过实物投影仪投影学生画图情况，点评、总结后，指出利用数学知识分析物理问题是物理学习常用的手段，以培养学生分析问题的能力。

指导学生阅读课本内容，并提出问题，力对物体做正功或负功时有什么物理意义呢？结合生活实际，举例说明。

概念理解：指导学生通过正功、负功的概念比较理解正、负的意义。

在实际问题中，一个运动的物体往往不只受一个力的作用，在物体产生一个位移的过程中，这些力中有的力是动力，有的力则可能是阻力，还有的力对物体的位移没有直接的影响。例如，用一个水平的力 F 拉物体在粗糙水平面上运动，这时我们说 F 对物体做了正功，而阻力 f 对物体也做了功，但是显然 f 与 F 的功是有区别的，f 做的功是负。也可说成是物体克服阻力 f 做功，而支持力 N 和重力 G 就没有做功。

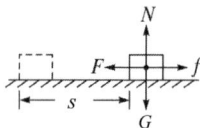

思维拓展：功是标量，只有数值，没有方向。功的正、负并不表示功的方向，而且也不是数量上的正与负。我们既不能说"正功与负功的方向相反"，也不能说"正功大于负功"，它们仅表示相反的做功效果。正功和负功是同一物理过程从不同角度的反映。

举例说明：在上图中，可以说摩擦力做负功，也可以说物体克服摩擦力做了正功。比如，摩擦力做了 –20J 的功，可以说物体克服摩擦力做了 20 J 的功。

形象比喻：小明借了小刚 50 元钱，从小明的角度，是小明借了钱；从小刚的角度，是小刚把钱借给别人。

在上述对功的意义认识的基础上，讨论正功和负功的意义，得出如下认识：

正功的意义是力对物体做功向物体提供能量，即受力物体获得了能量。

负功的意义是物体克服外力做功，向外输出能量（以消耗自身的能量为代价），即负功表示物体失去了能量。

（四）如何计算多个力对物体所做的功——总功

例题 2：一个质量 $m=2kg$ 的物体，受到与水平方向成 37° 角斜向上方的力 $F_1=10\,N$ 作用，在水平地面上移动的距离 $s=2m$，物体与地面间的滑动摩擦力 $F_2=4.2\,N$，求外力对物体所做的总功。

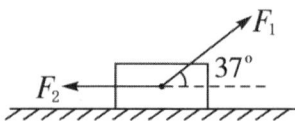

解法一：拉力 F_1 对物体所做的功为：$W_1=F_1s\cos37°=10×2×0.8\,J=16\,J$，

摩擦力 F_2 对物体所做的功为：$W_2=F_2s\cos180°=4.2×2×(-1)J=-8.4\,J$，

外力对物体所做的总功 W 等于 W_1 和 W_2 的代数和，

所以，$W=W_1+W_2=7.6\,J$。

解法二：物体受到的合力 $F_合=F_1\cos37°-F_2=10×0.8N-4.2\,N=3.8\,N$，

所以，$W=F_合s=3.8×2\,J=7.6\,J$。

师生一起点评两种解答过程，并对解题规律总结如下。

（1）当物体在几个力的共同作用下发生一段位移时，求这几个力的总功的方法：一是根据功的公式 $W=Fscosα$，其中 F 为物体所受的合外力；二是先求各力对物体所做的功 W_1，W_2，…，W_n，再求各力所做功的代数和，即 $W=W_1+W_2+…+W_n$，注意代入功的正、负号。

（2）由于功是标量，第二种方法较为简便。

小结：

（1）当物体在几个力的共同作用下发生一段位移 s 时，这几个力对物体做的总功，等于各个力分别对物体所做功的代数和，即 $W_总=W_1+W_2+W_3+…+W_n$。

（2）若合力为恒力，则：$W_总 = F_合scosα$。

课堂训练

例题 3：如下图所示，一个质量 $m=2kg$ 的物体，受到与水平方向成 37° 角斜向上的力 $F=10N$ 作用，在粗糙水平地面上由静止匀加速向右运动 2m，已知物体与地面间的动摩擦因数为 $μ=0.3$，$g=10m/s^2$，求物体的加速度和合力对物体所做的功。

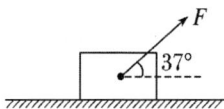

例题 4：如下图所示，一个质量 $m=2kg$ 的物体，受到与水平方向成 37° 角斜向上的力 $F=10N$ 作用，在粗糙水平地面上由静止匀加速向右运动 $t=2s$，已知物体与地面间的动摩擦因数为 $μ=0.3$，$g=10m/s^2$，求合力对物体所做的功。

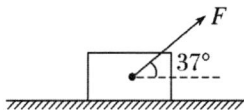

例题 5：如下图所示，质量 $m=50kg$ 的滑雪运动员从高度 $h=30m$ 的坡顶由静止下滑，斜坡的倾角 $θ=37°$，滑雪板与雪面之间的动摩擦因数 $μ=0.1$。则运动员滑至坡底的过程中：（g 取 $10m/s^2$，$sin37°=0.6$，$cos37°=0.8$，装备质量不计）

（1）滑雪运动员所受的重力对他做了多少功？

（2）各力对运动员做的总功是多少？

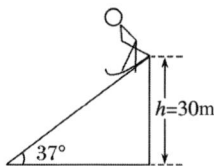

课堂小结

1. 功是力作用在物体上对空间的积累效应，即谈到"功"，必有力作用在物体上并在力的方向上发生一段位移。功是能量变化的量度，这个观点是贯穿全章的主线。

2. 对公式 $W=Fs\cos\alpha$ 要从三个方面理解：（1）功是针对某一力的，谈到功时，一定要指明是哪个力对物体做了功；（2）力对物体做功只和物体的运动过程有关，只要 F、s、α 相同，则恒力 F 做的功就相同，而与物体的运动状态无关，即不管物体是加速运动、减速运动还是匀速运动；（3）由于位移与参考系的选取有关，所以功具有相对性。

3. 功是标量，功的正、负由夹角 α 来确定。正、负功的意义是：力对物体做正功，表示施力物体能够把能量传递给受力物体，受力物体的能量增加；力对物体做负功表示受力物体把能量传递给其他的物体，受力物体的能量减少，即物体克服外力做功。

4. 公式 $W=Fs\cos\alpha$ 只适用于恒力做功的情形。对于变力做功的问题可以用其他方式求解（"动能定理"一节里将会讲得很透彻）。

板书设计

第一节 功

课后反思：首先，本节课最重要的是对一些科学研究方法的教学，若仅仅是对这些知识的传授而不重视科学物理研究方法的教学，则这堂课还不能算是一堂成功的课。其次，在教学过程中应多让学生自己参与到探究活动中去，让学生自己通过实践探究出来的结果比教师告诉得到的结果印象要深刻得多，也让课堂教学的师生互动有了更好的效果。

（课例设计：高中物理课题组　曹玉和）

观课议课及研究反思

1. 为素养而教，我们需要思维型教学。本节课中，授课教师的课堂教学注重了以下三个方面：

第一，知识和方法的深度理解与灵活应用。

第二，批判性思维与创造性思维能力的培养。

第三，合作能力与交流能力的培养。

2. 本节课中，为了激发学生学习动机，教学策略充分体现了学生需求，也及时根据需求调整教学设计：

第一，将教学问题的难度设置在最近发展区中，既不要设置学生无需帮助就能独立解决的问题，也不要设置超出学生目前能力范围的问题，而要在这个区间内，设置学生在教师的帮助下能够解决的问题。

第二，满足学生个性化的需求。在教学设计、教学任务分配、活动安排及校本课程开发等过程中要能够满足不同学生的需求。

第三，满足学生自主感、胜任感的需求。

第四，引导学生确定恰当的目标，没有目标也就没有需要。

3. 从当下最新的学习研究成果来看，教学研究的重点已经从如何教转向如何学；从关注学习结果转向关注学习过程；所有的学习都涉及原有经验的迁移。但是，我们部分教师平时比较关注知识的迁移，关注知识在解决书本问题中的应用，而较少关注方法和态度的迁移。但如果一节课没有让学生学到方法，那这一节课几乎是无效的。

（点评人：四川省崇州市怀远中学课题组　高强　于正超）

第四章 机械能和能源

§4.1 功

成都树德怀远中学 青玉和

力和运动的角度
- 直线运动
- 牛顿运动定律
- 曲线运动
- 万有引力

能量的角度

能量之间如何转化,又如何定量地量度?

教学目标:(主要解决课前预习中的三个问题)

1.如何判断一个力是否对物体做了功,做正功还是负功?正负功的含义是什么?

2.如果一个力对物体做了功,怎么计算?

3.如何计算合力对物体做的功?(难点)

教材P58 观察思考

(a)举起杠铃过程中,什么力对杠铃做功?能量怎样变化

教材P58 观察思考

(b)人在下滑时,什么力对人做功?能量怎样变化

教材P58 观察思考

(c)箭射出时,什么力对箭做功?能量怎样变化

小结:

如果物体在力的作用下能量发生了变化,这个力一定对物体做了功。

说明:做功总是与能量的变化密切相关,做功的过程,其实质就是能量变化的过程,因此能量变化了多少,我们就可以用功来度量。

问题1:如何判断一个力是否对物体做了功?

旧知回顾

初中所学的做功,两个必要因素是什么?

1作用在物体上的 力.

2物体在力的方向上移动的 距离.

问题1：如何判断一个力是否对物体做了功？

一、功的定义

如果一个物体受到力的作用，并且在力的方向上发生了位移，物理学中就说这个力对物体做了功。

说明：判断一个力是否对物体做了功，关键是判断物体在力的方向上是否发生了位移。

9

问题2：如何计算一个力对物体做了多少功？

（1）如果力的方向与物体的位移方向（或者运动方向）一致，应如何计算这个力的功？

$W=Fs$

（2）如果力的方向与物体的位移方向（或者运动方向）垂直，应如何计算这个力的功？

F不做功 即 $W=0$

10

马拉车前进

开始模拟
实例分析

11

叉车运物、提物

收物
码物
提物

ok

12

光滑面运动

物体在光滑水平面上运动

F

G

播放

13

推导功的一般表达式

小组讨论：如果力的方向与物体的位移方向（或者运动方向）成某一角度，应如何计算这个力的功？

X

14

（1）把力F分解到位移X的方向上

F_2　F

α

F_1

$W_F = W_{F_1} + W_{F_2}$

$W_F = F_1 \cdot X + F_2 \cdot 0$

而 $F_1 = F\cos\alpha$

$W = F\cos\alpha\, X$

15

（2）把位移X分解到力F的方向上

X_1　F

α

X_2

$W = W_1 + W_2$

$W_F = F \cdot X_1 + 0 \cdot X_2$

而 $X_1 = X\cos\alpha$

$W = FX\cos\alpha$

16

二、功的计算公式

$$W=FX\cos\alpha$$

理解：
1. 用此公式计算功时，α为力和位移方向上的夹角，F必须为恒力，X必须为对地位移
2. 做功与物体运动形式无关，也就是说，力对物体做功具有独立性。
3. 计算功时，一定要明确是计算哪个力在哪个过程对物体所做的功，不能张冠李戴。

17

4.功的国际单位：焦耳(J)

1J 意义

1J就是1N的力让物体在力的方向上发生1m的位移时所做的功

18

小试牛刀

例题1：计算下列各图中，力F所做的功。

其中$F=100N$，$s=1m$，$\cos150°=-\cos30°$

$W=Fs\cos(180°-\theta)$　$W=Fs\cos(180°-\theta)$　$W=Fs\cos\theta$
$=50\sqrt{3}$ J　$=-50\sqrt{3}$ J　$=50\sqrt{3}$ J

19

讨论：功的正负

锐角 $\cos\alpha>0$，　$W>0$，　正功

直角时，$\cos\alpha=0$，$W=0$
表示力对物体不做功

钝角时，$\cos\alpha<0$，
$W<0$　负功

【思考】当一个力对物体做负功时，我们还可以怎样说呢？

20

【思考】当一个力对物体做负功时，我们还可以怎样说呢？

当一力对物体做负功时，我们还可以说成：
物体克服这个力做功，取正值
比如刚刚分析的例子中，重力对货物做功$W=-500J$，我们可以说成货物克服重力做了$W'=500J$的功。

21

小结：

1.功有正负之分，但它是一个标量，正负不代表方向。

所谓正功负功，是反映力对物体做功性质的，若为正功，表明该力为动力，促进物体的运动。若为负功，表明该力为阻力，阻碍物体的运动。

2.功是一个过程量，它是力对空间（即位移）的积累。

22

问题3：如何判断一个力是否对物体做功，以及做什么功？

法1：判断力F跟位移X的夹角α

法2：判断力F跟速度v的夹角α

23

问题4：如何计算多个力对物体所做的功——总功？

例题2：如图所示，一个质量$m=2kg$的物体，受到与水平方向成37°角斜向上的力$F_1=10N$作用；在水平地面上移动距离$l=2m$，物体与地面间的摩擦力$F_2=4.2N$。求外力对物体所做的总功。

24

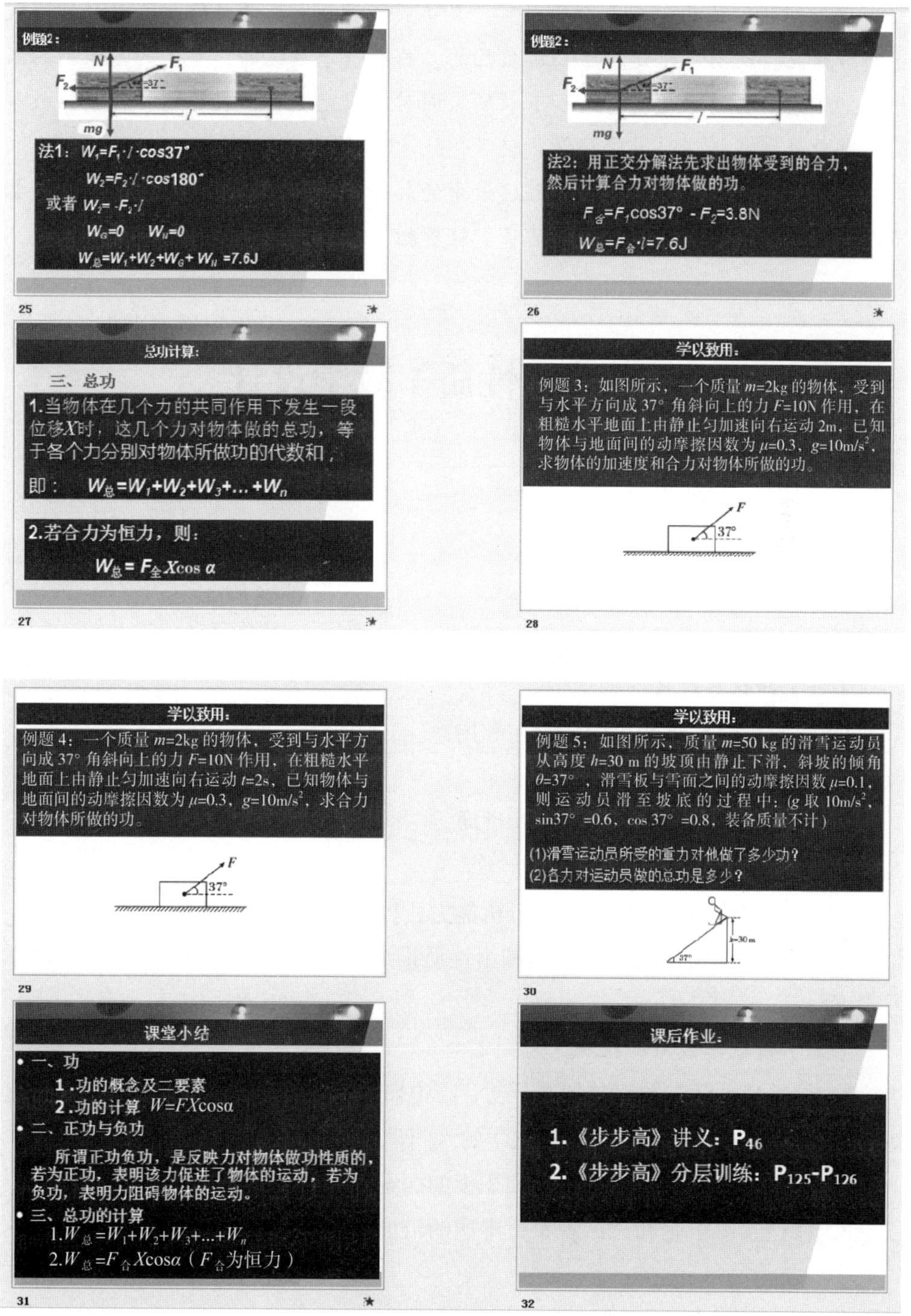

图 5-15 《功》课件设计展示组图

课题组研究认为，进入职场以后，真正促进教师发展的是他自己对教学实践不断地研究、反思、重建，从而对自己的工作有一个系统的、整体的、深刻的认识，知道怎么去做才是有意义和有效的。同时，研究发现，教师的工作量、教学的工作量必须减轻。只有工作量减轻了，他才有时间去思考、研究、讨论。在本部分，课题组梳理了学校智慧课程建设中的部分优秀课例设计，去充分印证成都市级教育科研集体备课课题"高质量、轻负担"的研究初衷。

《甲烷的性质》教学设计

一、教学内容
甲烷的性质。

二、教学目标
（一）知识与技能
1. 了解甲烷在自然界中的存在和用途。
2. 认识甲烷的正四面体结构。
3. 了解甲烷的物理性质和化学性质。

（二）过程与方法
1. 通过实验培养学生的观察分析能力，提高研究性学习的能力。
2. 让学生体会由结构推性质和由性质推结构的过程与方法，形成严谨的学习态度。

（三）情感态度与价值观
1. 通过学生已有知识顺利进行初、高中知识的自然衔接，消除学生对高中有机化学的不适应心理，并利用有机化学的入门学习，激发学生学习有机化学的兴趣。
2. 培养学生严谨的科学态度和积极的探索精神。
3. 渗透实事求是和透过现象看本质的辩证唯物主义思想。

三、教学重点、难点
重点：甲烷的结构特点和甲烷的化学性质。

难点：甲烷的结构和甲烷的取代反应。

四、教学过程

表 5-1　《甲烷的性质》教学过程

教学进程	教师活动	学生活动	教学资源	设计意图
教师引领学生进入新课学习	通过展示预习内容和预习作业情况引出新课	观看作业反馈	101 平台展示	激发学生的求知欲，培养学生思维能力和主动学习的意识。针对课前预习的检测习题情况进行精讲
结合"泽中有火""火井""西气东输""可燃冰""页岩气"等了解甲烷在自然界中的存在	介绍甲烷在自然界中的存在、发现和应用，引导学生对甲烷性质的回顾	温故：甲烷在自然界的存在、发现、应用，甲烷的物理性质和具有可燃性 获取新知：甲烷的电子式和结构式	PPT 展示图片：（1）池沼底部的气体存在；（2）西气东输工程图；（3）可燃冰图片；（4）页岩气图片	通过一组图片使学生知道甲烷在自然界的真实存在和实际应用，让学生体会所学知识与实际生活的紧密联系，以提升学生的化学价值观
介绍科学家对甲烷结构的早期研究，主要分三个阶段，激发学生探究热情，通过模型搭建，分析甲烷的立体结构	通过介绍四位科学家（道尔顿、凯库勒、布特列洛夫、范特霍夫）对甲烷结构的早期研究，引导学生去搭建甲烷可能的立体结构。处理预习作业错误率高的第 3 题	活动探究：搭建可能的立体结构模型，并进行分析	PPT 展示（1）道尔顿对甲烷分子结构的猜测；（2）凯库勒提出碳原子四价概念，布特列洛夫等对甲烷分子中原子排列提出猜想；（3）范特霍夫提出碳的结构学说；（4）提供模型组件：黑球代表碳原子，白球代表氢原子，若干白色短棍代表化学键	通过甲烷结构的早期研究史引导学生沿着科学家的探寻之路去猜想甲烷的可能立体结构，拓展学生的想象空间
实验探究甲烷与氯气的反应，介绍有机化学的重要反应类型——取代反应	引导学生发现实验改进的设计意图，逐步让学生体会实验装置的优化和对比设计的科学严谨性。引导学生观察实验现象，并书写化学方程式，介绍取代反应概念	（1）思考讨论教师的实验改进意图；（2）观察教师的演示实验并描述实验现象；（3）在模仿的基础上书写甲烷与氯气的多步化学反应方程式	演示实验：三支 U 形管对比实验（1）40mL Cl_2 和 10mL CH_4 混合并光照；（2）50mL Cl_2 并光照；（3）40mL Cl_2 和 10mL CH_4 混合黑纸包裹不见光	通过实验探究验证甲烷与氯气反应的条件，在介绍生成产物多样性的基础上让学生书写多步化学反应方程式，学习有机化学的重要反应类型——取代反应

续表

教学进程	教师活动	学生活动	教学资源	设计意图
有人根据甲烷的二氯取代产物只有一种，得出甲烷分子是正四面体而不是平面正方形，通过搭建模型理解	甲烷的二氯取代产物只有一种，进一步认识甲烷的立体结构 拓展延伸：立方体中心有一个碳原子，在立方体顶点标出氢原子的位置	活动探究：进行甲烷二氯取代产物的模型搭建	提供模型组件：绿色小球若干（代表氯原子）；学生搭建模型展示	通过模型搭建提升学生对有机物立体结构的认识；通过拓展延伸丰富学生的空间想象力
在甲烷立体结构模型的基础上，用三个不同颜色小球代表三种不同卤素原子取代氢原子	（1）展示学生搭建的模型；（2）引导学生进行互相比较，发现差异；（3）分析手性异构和手性碳原子	（1）在甲烷分子的球棍模型上用三个不同颜色小球（代表三种不同卤素原子）取代白色小球（代表氢原子）；（2）同桌互相观察、对比拼搭的模型异同	提供模型组件：绿色小球（代表氯原子），橙色小球（代表溴原子），红色小球（代表氟原子）	（1）加深学生对甲烷立体结构的认识；（2）通过对比拼搭模型进一步使学生认识到有机物立体结构的重要性，从而巩固学生的空间立体结构观
课堂小结	帮助学生建构有关结构与物质性质之间的联系，利用立体结构指导学生认识有机化学的重要反应类型——取代反应，开启有机化学学习的新思维	建构新知识的框架，完善结构与性质之间的联系	PPT展示：甲烷立体结构与性质的联系图	以甲烷的立体结构为载体，深化有机化合物学习的一般思路和方法，让学生从立体结构角度构建有机化合物知识体系，使学生逐步提高以"结构决定性质"为核心的有机化学学科素养

五、课前准备（101 智慧教育课堂）

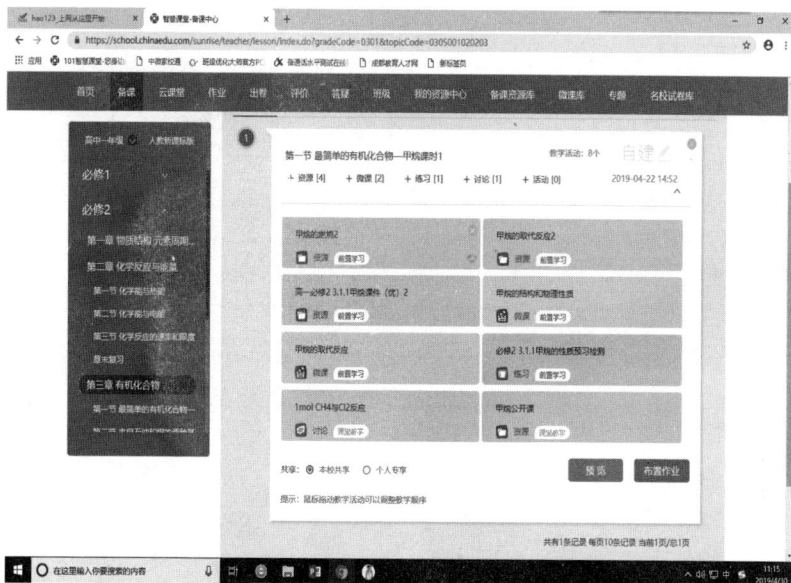

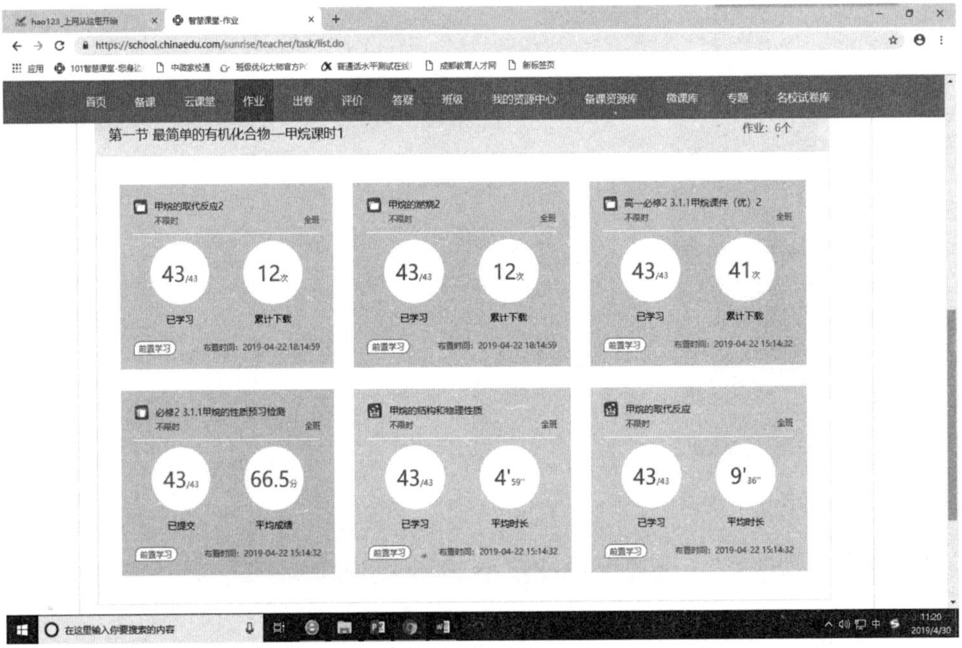
第一节 最简单的有机化合物—甲烷课时1
作业：6个
甲烷的取代反应2
43/43 已学习
12次 累计下载
甲烷的燃烧2
43/43 已学习
12次 累计下载
高一必修2 3.1.1甲烷课件（优）2
43/43 已学习
41次 累计下载
必修2 3.1.1甲烷的性质预习检测
43/43 已提交
66.5分 平均成绩
甲烷的结构和物理性质
43/43 已学习
4'59" 平均时长
甲烷的取代反应
43/43 已学习
9'36" 平均时长

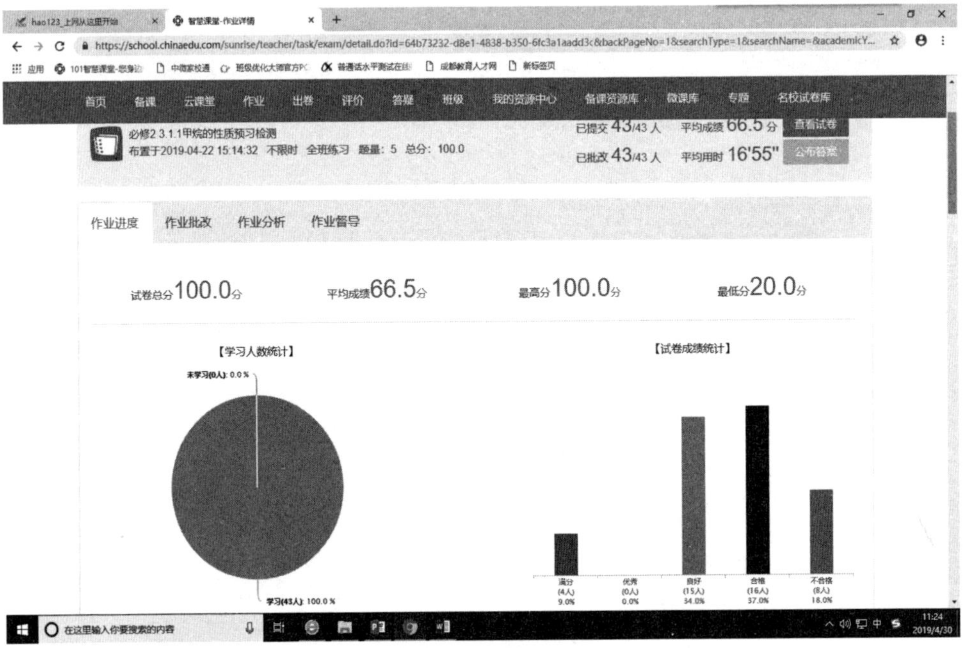
必修2 3.1.1甲烷的性质预习检测
布置于2019-04-22 15:14:32 不限时 全班练习 题量：5 总分：100.0
作业进度 作业批改 作业分析 作业督导
试卷总分100.0分
平均成绩66.5分
最高分100.0分
最低分20.0分
【学习人数统计】
【试卷成绩统计】

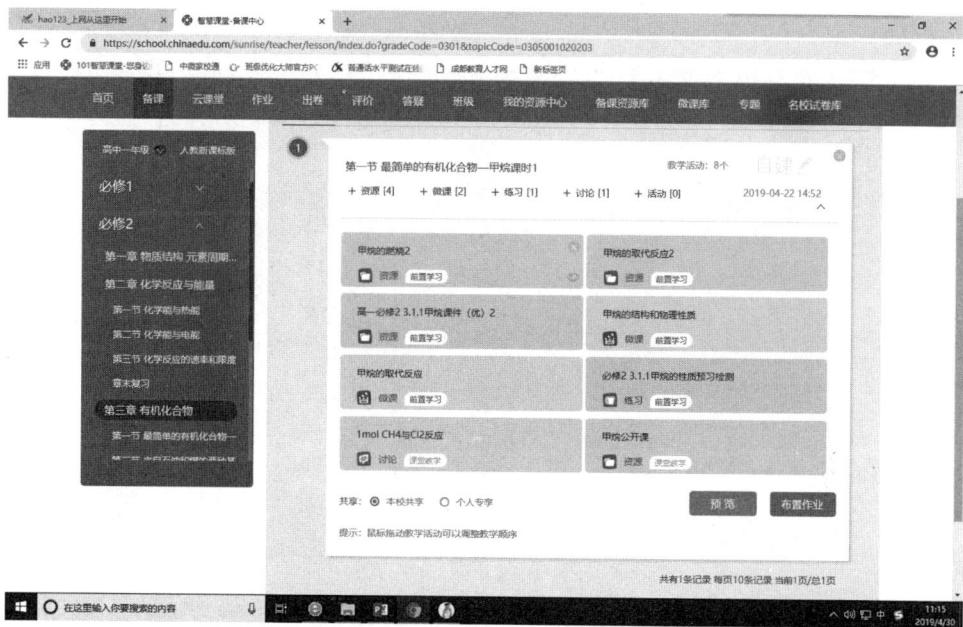

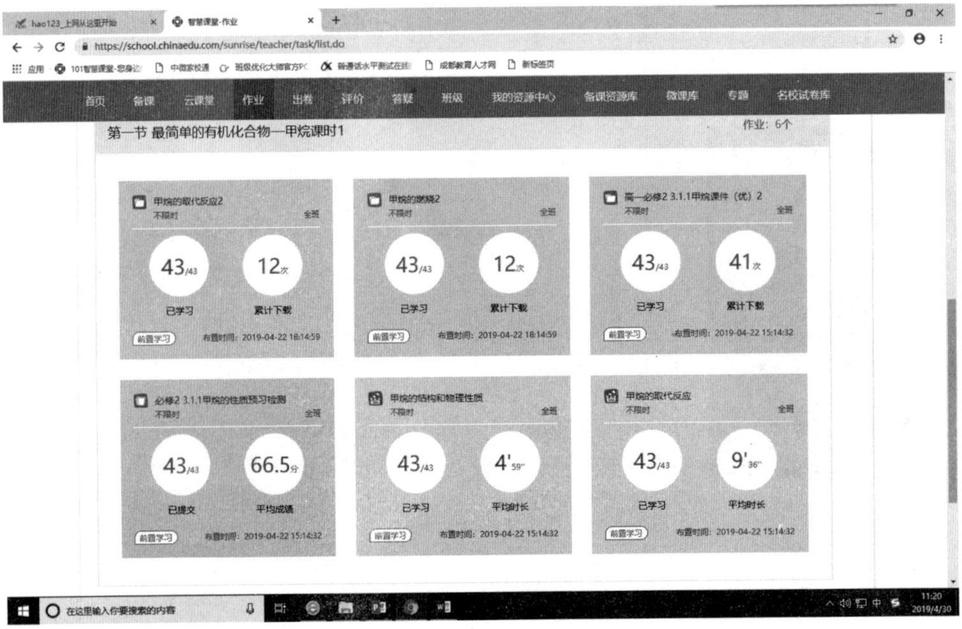
第一节 最简单的有机化合物—甲烷课时1
作业：6个
甲烷的取代反应2
甲烷的燃烧2
高一必修2 3.1.1甲烷课件（优）2
必修2 3.1.1甲烷的性质预习检测
甲烷的结构和物理性质
甲烷的取代反应
已学习
累计下载
已提交
平均成绩
平均时长

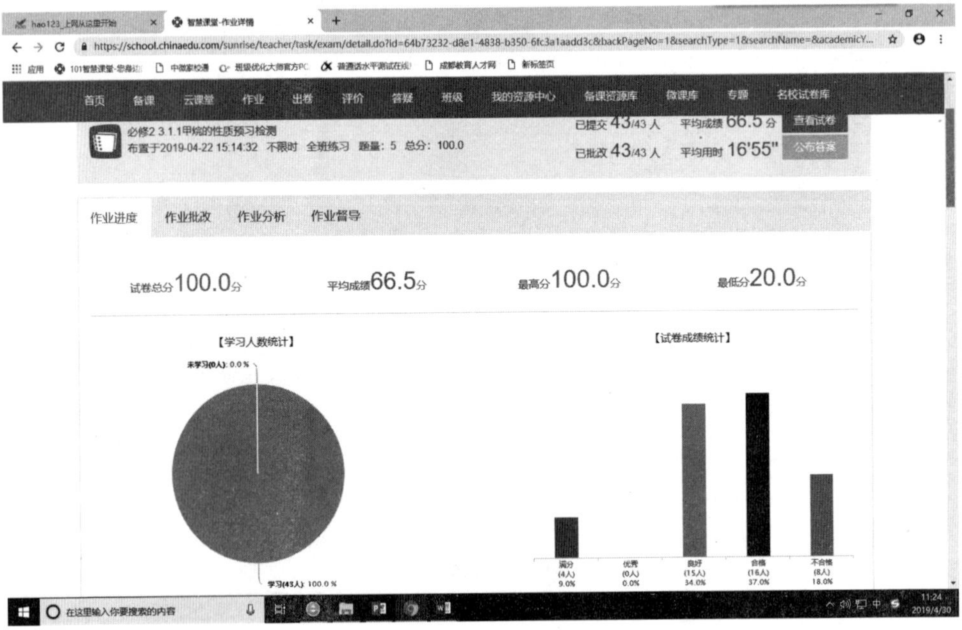
必修2 3.1.1甲烷的性质预习检测
布置于2019-04-22 15:14:32 不限时 全班练习 题量：5 总分：100.0
作业进度
作业批改
作业分析
作业督导
试卷总分100.0分
平均成绩66.5分
最高分100.0分
最低分20.0分
【学习人数统计】
【试卷成绩统计】

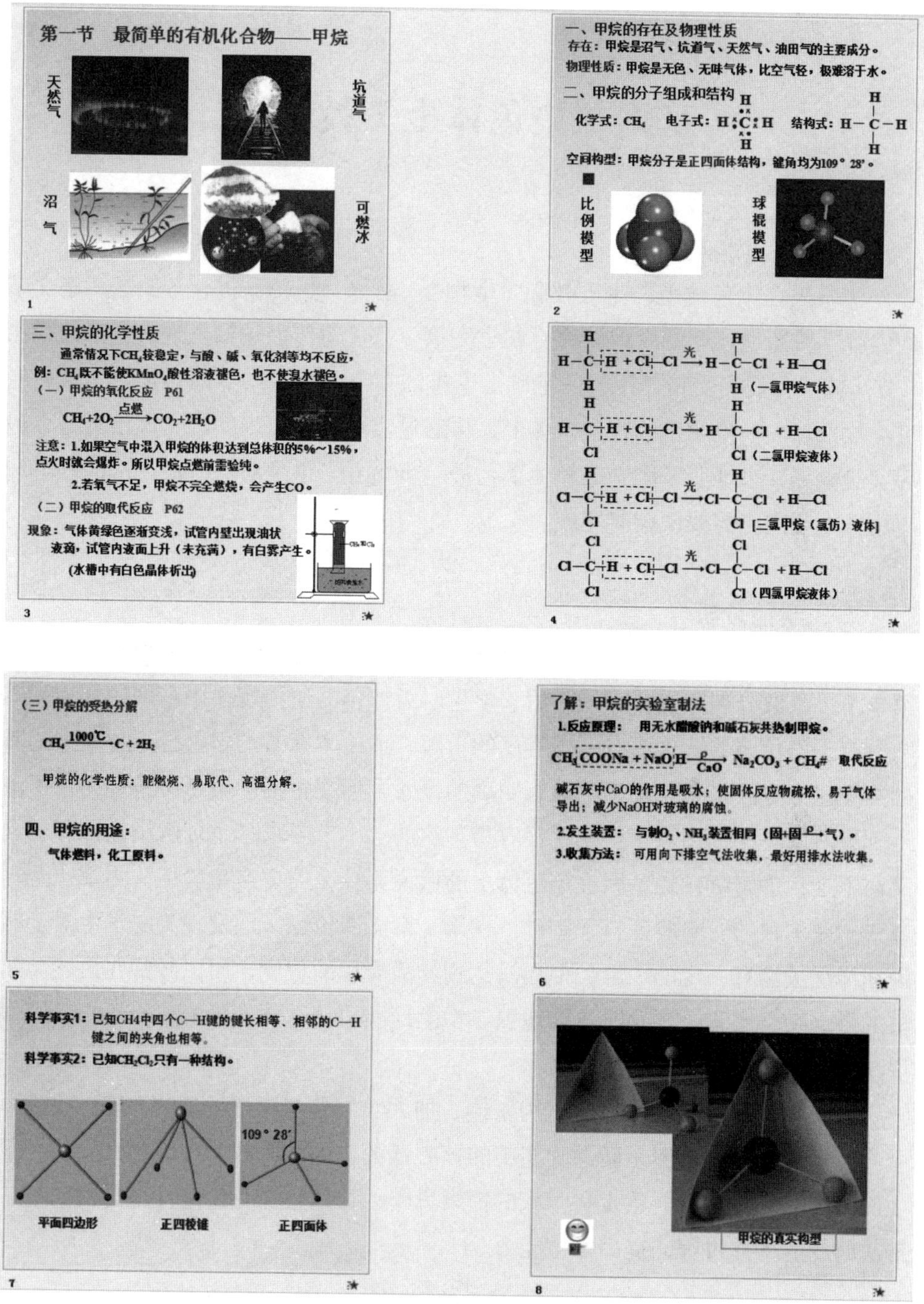

图 5–16　《甲烷的性质》课件设计展示图组

《基因在染色体上》教学设计

一、教材内容分析

《基因在染色体上》是人教版《生物2　必修　遗传与进化》第2章第2节的内容，按照遗传学的发展顺序，在学完第1章《遗传因子的发现》和第2章第1节《减数分裂和受精作用》的基础上安排的本节内容。本节内容是科学家先通过类比推理——说明基因在染色体上，再通过实验现象提出问题，做出解释，最后实验验证，来证明基因在染色体上，进一步培养了学生对假说演绎法的理解和应用。本节内容需要两课时完成。

二、学情分析

在学完《生物2　必修　遗传与进化》第1章《遗传因子的发现》及第2章第1节《减数分裂和受精作用》后，学生对孟德尔的遗传规律中基因的行为和减数分裂中染色体的行为已有一定程度的了解，这给本章节的学习打下了坚实的基础。类比推理法虽然在课本中没有明确的概念，但在生活中学生常常会无意识地用到，所以类比推理对学生来说很容易理解的。本节要求学生理解类比推理的含义与不足，理解萨顿的基因在染色体上的假说为什么需要实验验证，为第二个环节——摩尔根的实验验证打下基础。在第1章《遗传因子的发现》中学生对于假说演绎法虽然有一定的了解，但还没达到灵活应用的程度，所以教师在讲述摩尔根的果蝇杂交实验时要及时灵活地引导学生回顾孟德尔的实验流程，再次巩固假说演绎法的理解。

新课程标准下，提倡以学生为主体，加大学生参与课堂教学的力度，提高每个高中学生的科学素养是新课程实施的核心任务。因此在教学中应当充分调动学生的兴趣，创设情境，重走科学家的探索思路，让学生体验创造性地分析问题、解决问题的探究过程，提高学生能力。

三、教学目标

(一) 知识目标

1. 简述科学家关于基因和染色体平行关系的发现。

2. 说出基因在染色体上的实验证据。

3. 运用有关基因和染色体的知识阐明孟德尔遗传规律的实质。

(二) 能力目标

1. 尝试运用类比推理的方法,解释基因位于染色体上。

2. 通过摩尔根的简介、实验,培养学生发现问题、提出问题,并解决问题的能力,培养学生务实研究的科学作风。

(三) 情感态度价值观

认同科学研究需要大胆质疑、勤于实践、敢于创新的精神,以及对科学的热爱,逐步形成科学的世界观。

四、重点难点

教学重点:说出基因位于染色体上的理论假说和实验证据。

教学难点:运用类比推理的方法,解释基因位于染色体上以及基因位于染色体上的实验证据。

五、教学方法

采用问题式教学、小组合作探究式的教学方法。

六、教学过程

运用 101 智慧教育课堂"三段八环"教学模式。

(一) 前置学习

课前对学生进行分组,每组推举中心发言人。

1. 教师设计《导学案》,课前给学生留下预习作业,按照作业要求给每组指定学习任务。

2. 学生按照《导学案》要求主动完成学习任务,拍照上传作业到平台讨论区。

3. 教师根据学生作业完成情况进行第二次备课。

(二) 课堂教学

学生分小组就座。

环节一：引入图 5-17，回顾减数分裂和遗传因子的分离，温故知新。

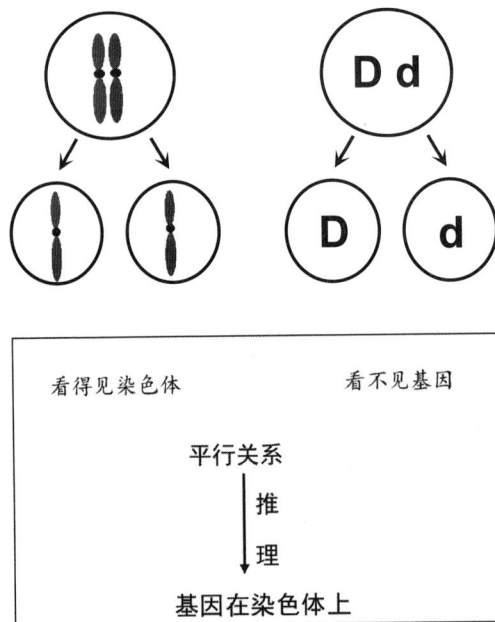

图 5-17　基因在染色体上

问题探讨（分小组回答）：

（1）学生描述孟德尔进行的一对相对性状杂交实验中遗传因子的行为变化。

（2）减数分裂过程中同源染色的行为变化。

（3）学生描述对"平行关系"的理解。

（4）小结（完成表 5-2）。

表 5-2　《基因在染色体上》教学与设计

	染色体的行为	基因的行为
杂交过程中	保持_____	也有_____
体细胞中的存在形式	_____存在	_____存在
在配子中	只有成对的遗传因子中的_____	只有成对染色体中的_____ _____
体细胞中的来源	成对的遗传因子一个来自_____，一个来自_____	同源染色体一条来自_____，一条来自__
形成配子时组合方式	非等位基因_____	非同源染色体_____

环节二：指导学生阅读教材 P28，回答以下问题。

（1）萨顿的假说（实验材料、假说内容、证据）。

（2）说出你对类比推理的理解，并举出现实生活中的一些例子。

（3）类比推理的结论可信吗？

（4）展示学生前置学习的内容。

（5）果蝇作为遗传学材料有哪些优点？与豌豆有何共同之处？

小组合作探究内容之一：网上查阅摩尔根简介、摩尔根与果蝇的故事、对萨顿的评价以及当时的遗传学历史。

环节三：引导学生学习摩尔根的杂交实验。学生带着问题阅读教材 P28 ~ P29。

（1）展示果蝇体细胞中染色体。（学生识图如何区别雌、雄？如何对染色体进行分类？）

（2）摩尔根果蝇杂交实验发现了什么问题？如何解释？（提示学生理解假说内容）

（3）摩尔根如何演绎推理验证假说的？

（4）摩尔根证明基因位于染色体上的实验方法是什么？对比豌豆杂交实验的各个环节。

小组合作探究之二：控制果蝇眼色的基因在果蝇染色体上有哪些情况。

小组合作探究之三：摩尔根果蝇杂交实验及遗传图解，讨论控制眼色的基因只位于 X 染色体上，而 Y 染色体上无等位基因。小组完成后相互交流，组长推荐一份作业上传到讨论区。

环节四：教师点评学生完成的遗传图解，结合 PPT 向学生讲解孟德尔的演绎推理过程。果蝇杂交实验图解分析，学生独立探讨的难度较大，教师结合 PPT，边讲解边和全班学生一起探讨。

（三）课后评价

环节五：教师对各小组的回答情况及合作情况进行汇总，然后打分。采取奖励制，小组分数最高的给予红星奖励。

环节六：课堂作业检查。平板上发布课堂作业，5 个小题。

环节七：小组合作探究之四——尝试写出眼色基因只位于 Y 染色体上、位于 X、Y 同源区段的遗传图解和演绎推理过程。

环节八：教学反思。

本节教学内容是必修内容，涉及的知识点较多，又有较多理科思维的探究活动，预计难度比较大，但由于提前给学生布置了前置学习，又进行了二次备课，充分掌握了学生学情，从课堂学生的反应来看，学生发言积极，小组准备充分，能够正常完成教学任务，充分调动了学生学习的积极性，教学效果比较令人满意。

在本次授课中，学生能够主动去研究问题，教师给学生一定的评价标准，学生会按照这个评价标准去认真探究问题。新课改要求提高学生的生物学素养，那么我在这堂课中，让学生充分用自学的知识来理解教材的问题，这比教师单一讲授更具有效率。合作学习能够使学生能够团结合作，将学习这件事当作一件需要大家共同努力的一件事，改善了以前学习的单调性。

这节的设计中存在一些不足之处，如学生缺乏与老师及时沟通的能力，未及时理解老师的意图，语言表达不太流畅，这就造成了其他学生听不懂的现象，这方面还需要以后更多的训练强化。

（课例设计：高中生物课题组　王德华）

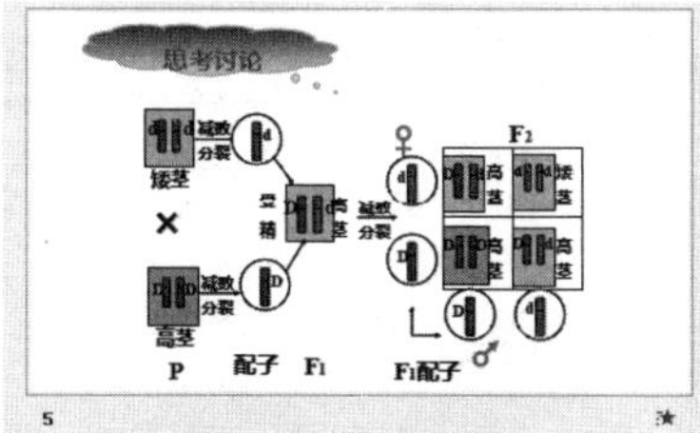
思考讨论
矮茎
减数分裂
受精
高茎
F2
P
配子
F1
F1配子
5

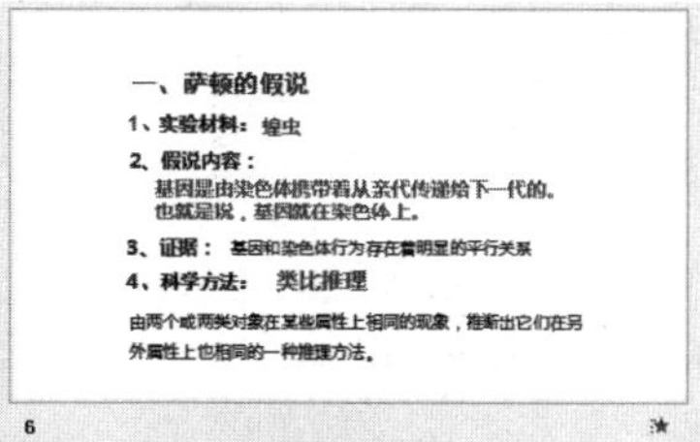
一、萨顿的假说
1、实验材料：蝗虫
2、假说内容：
基因是由染色体携带着从亲代传递给下一代的。
也就是说，基因就在染色体上。
3、证据：基因和染色体行为存在着明显的平行关系
4、科学方法：类比推理
由两个或两类对象在某些属性上相同的现象，推断出它们在另外属性上也相同的一种推理方法。
6

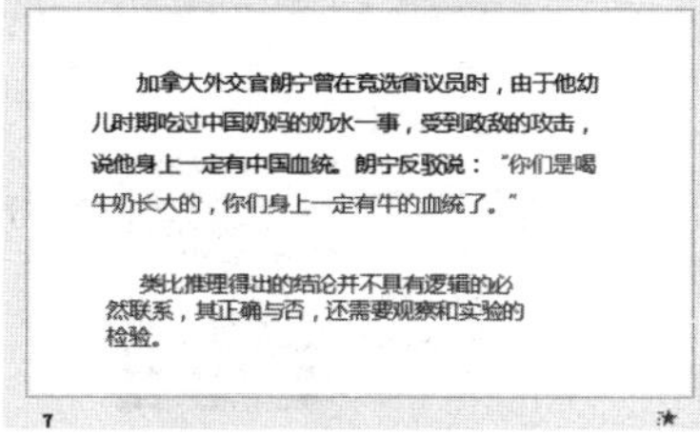
加拿大外交官朗宁曾在竞选省议员时，由于他幼儿时期吃过中国奶妈的奶水一事，受到政敌的攻击，说他身上一定有中国血统。朗宁反驳说："你们是喝牛奶长大的，你们身上一定有牛的血统了。"
类比推理得出的结论并不具有逻辑的必然联系，其正确与否，还需要观察和实验的检验。
7

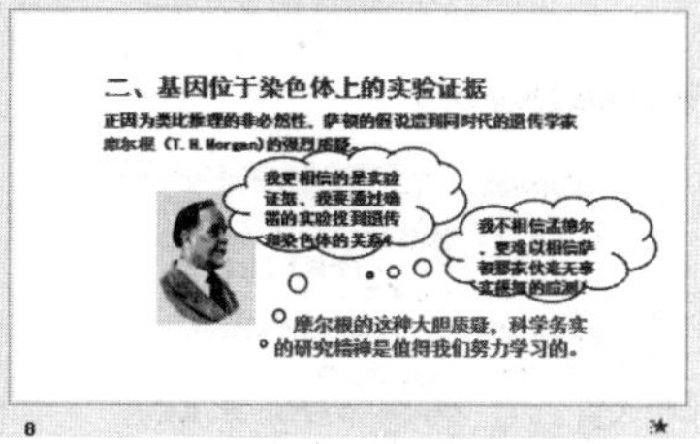
二、基因位于染色体上的实验证据
正因为类比推理的非必然性，萨顿的假说遭到同时代的遗传学家摩尔根（T. H. Morgan）的强烈质疑。
我更相信的是实验证据，我要通过确凿的实验找到遗传和染色体的关系！
我不相信孟德尔，更难以相信萨顿那家伙毫无事实根据的臆测！
摩尔根的这种大胆质疑，科学务实的研究精神是值得我们努力学习的。
8

"材料选对了就等于实验成功了一半"
果蝇作为遗传实验材料的优点：
具有易区分的相对性状
易饲养、繁殖快、产生后代多
染色体数目少，易观察
9

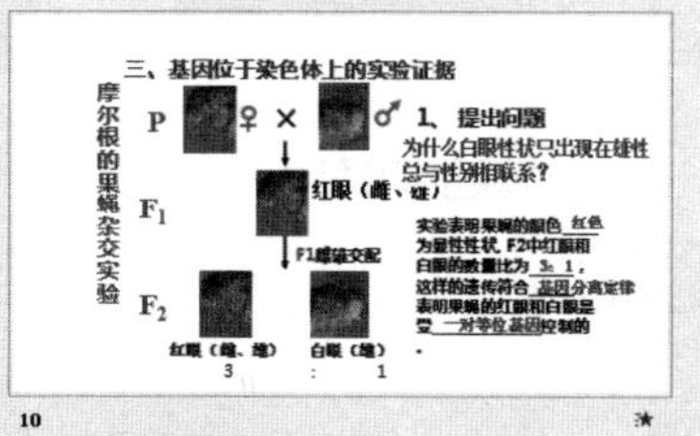
三、基因位于染色体上的实验证据
摩尔根的果蝇杂交实验
P ♀ × ♂
1、提出问题
为什么白眼性状只出现在雄性总与性别相联系？
F1 红眼（雌、雄）
F1雌雄交配
F2
红眼（雌、雄）　白眼（雄）
3 : 1
实验表明果蝇的眼色 红色 为显性性状，F2中红眼和白眼的数量比为 3：1，这样的遗传符合 基因分离定律 表明果蝇的红眼和白眼是受 一对等位基因控制的。
10

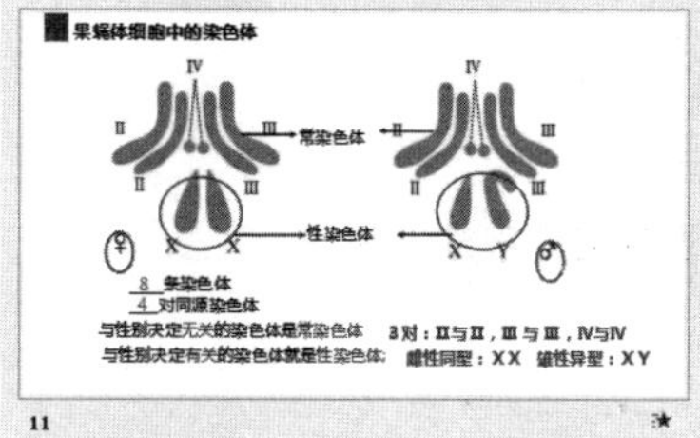
果蝇体细胞中的染色体
IV
II
III
常染色体
性染色体
X X
X Y
♀
♂
8 条染色体
4 对同源染色体
与性别决定无关的染色体是常染色体　3对：II与II，III与III，IV与IV
与性别决定有关的染色体就是性染色体　雌性同型：XX　雄性异型：XY
11

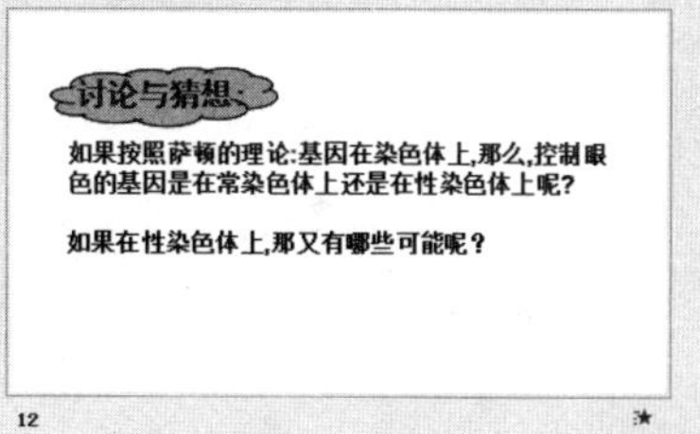
讨论与猜想
如果按照萨顿的理论：基因在染色体上，那么，控制眼色的基因是在常染色体上还是在性染色体上呢？
如果在性染色体上，那又有哪些可能呢？
12

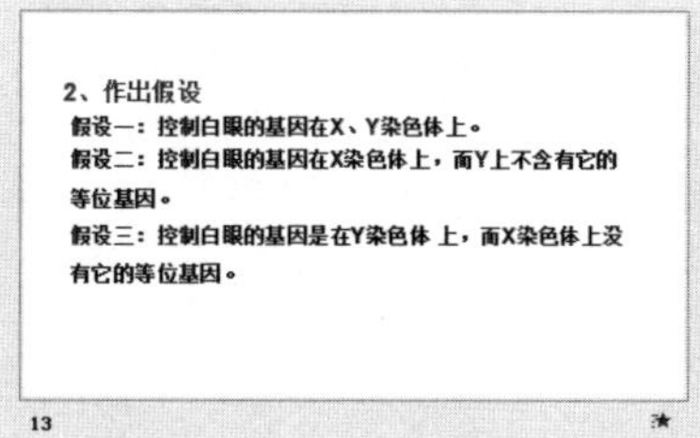
2、作出假设
假设一：控制白眼的基因在X、Y染色体上。
假设二：控制白眼的基因在X染色体上，而Y上不含有它的等位基因。
假设三：控制白眼的基因是在Y染色体上，而X染色体上没有它的等位基因。
13

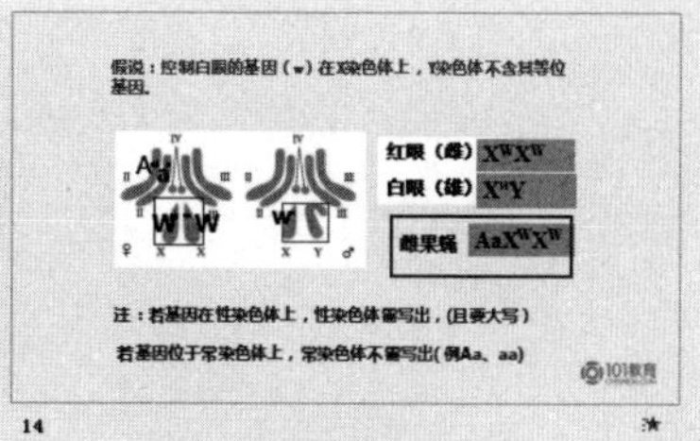
假说：控制白眼的基因（w）在X染色体上，Y染色体不含其等位基因。
红眼（雌）X^WX^W
白眼（雄）X^wY
雌果蝇 AaX^WX^W
注：若基因在性染色体上，性染色体需写出，(且要大写)
若基因位于常染色体上，常染色体不需写出(例Aa、aa)
101教育
14

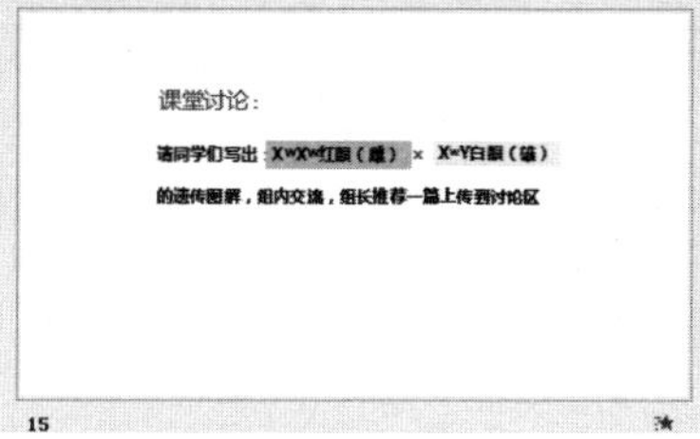
课堂讨论：
请同学们写出 X^WX^W红眼（雌）× X^wY白眼（雄）的遗传图解，组内交流，组长推荐一篇上传到讨论区
15

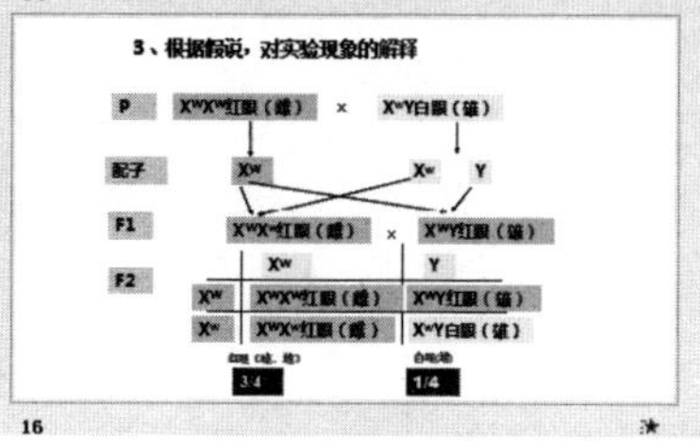
3、根据假说，对实验现象的解释
P　X^WX^W红眼（雌）×　X^wY白眼（雄）
配子　X^W　X^w　Y
F1　X^WX^w红眼（雌）×　X^WY红眼（雄）
F2　X^W　Y
X^W　X^WX^W红眼（雌）　X^WY红眼（雄）
X^w　X^WX^w红眼（雌）　X^wY白眼（雄）
3/4
1/4
16

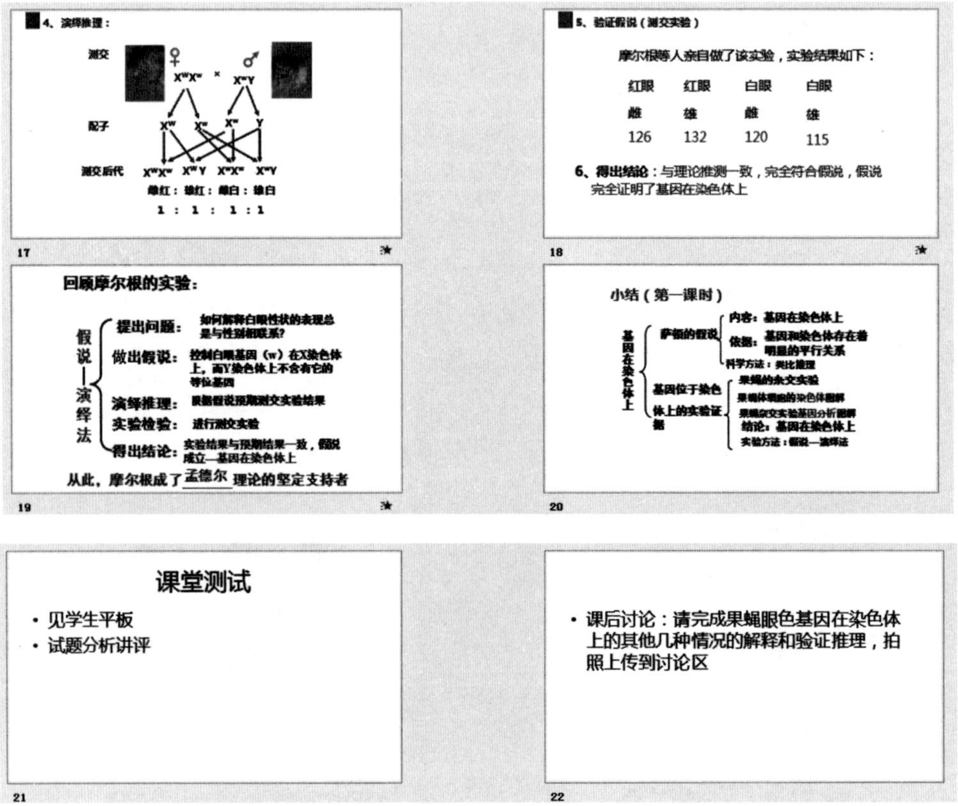

图 5-18 《基因在染色体上》课件设计展示组图

《伴性遗传》《生物2 必修遗传与进化》教学设计

一、教材分析

《伴性遗传》是高中《生物2 必修遗传与进化》第2章第3节的内容。教材知识分伴性遗传的概念、人类红绿色盲症、抗维生素D佝偻病和伴性遗传在实践中的应用三个教学知识点。它是以色盲为例讲述伴性遗传现象及规律，进一步说明了基因与性染色体的关系，其实质就是基因的分离定律在性染色体遗传上的应用。同时为第6章第3节《人类遗传病》的学习奠定基础。本节内容需要2课时，第1课时为人类红绿色盲的学习；第2课时为抗维生素D佝偻病和伴性遗传在实践中的应用学习，最后得出伴性遗传的概念。

二、学情分析

学生已具备分离定律、减数分裂及基因与染色体关系的相关知识，为本节课的学习奠定了一定基础。同时，高中生具有一定的分析问题、解决问题的能力。因此，教学中可以利用学生这阶段的特点，通过适当的教学策略完成知识的学习和能力的培养。

三、教学方法

探究式教学。

四、教学目标

知识目标：说出人类红绿色盲的遗传方式，归纳伴X隐性遗传特点。

能力目标：培养学生探究问题的能力，获得研究生物学问题的方法。

情感目标：科学品质教育，人口教育（优生优育）。

五、教学重难点

教学重点：伴性遗传基因型及表现型的书写，归纳总结遗传病的遗传方式、遗传特点。

教学难点：以人类红绿色盲遗传为例的遗传图解分析的正确书写。

六、教学过程

（一）微课自学反馈。

1. 性染色体的分类。

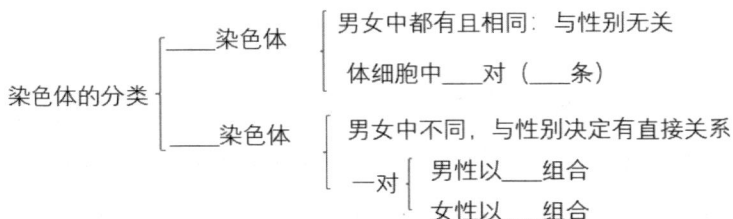

染色体的分类 ┬ ___染色体 ┬ 男女中都有且相同：与性别无关
　　　　　　　│　　　　　　└ 体细胞中___对（___条）
　　　　　　　└ ___染色体 ┬ 男女中不同，与性别决定有直接关系
　　　　　　　　　　　　　　└ 一对 ┬ 男性以___组合
　　　　　　　　　　　　　　　　　　└ 女性以___组合

2. 性染色体的来源。

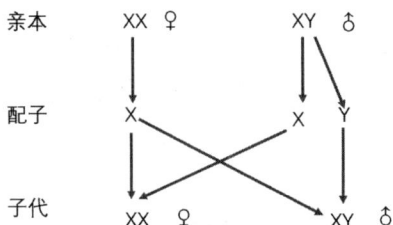

亲本　　　XX ♀　　　　　XY ♂

配子　　　X　　　　X　　Y

子代　　　XX ♀　　　　　XY ♂

（1）雌性子代两条性染色体的来源：一条 X 来自 _____，一条 X 来自 _____。

（2）雄性子代两条性染色体的来源：一条 X 来自 _____，一条 Y 来自 _____。

3. 性染色体去向（续上图）。

（1）亲本中母本性染色体的去向：

既可传给 _____ 性子代，

又可传给 _____ 性子代。

（2）亲本中父本性染色体的去向：

X 染色体只传 _____ 性子代，

Y 染色体只传 _____ 性子代。

（二）新课教学

教师展示资料：社会调查表明，我国男性色盲患者近 7%，女性色盲患者近 0.5%。红绿色盲患者由于色觉障碍，不能像正常人一样区分红色和绿色，无法从事与色彩相关的工作。请同学们识别 PPT 中的色盲图片，判断一下大家的色觉是否正常呢？从调查数据图中可以看出：红绿色盲遗传与性别有没有关系？红绿色盲基因是位于哪类染色体？为什么？

学生：男性患者多于女性患者，因此与性别有关系。该基因位于性染色体。如果位于常染色体上，则男女患病的概率应该一样。

下面图谱为一个家系中的红绿色盲遗传图解

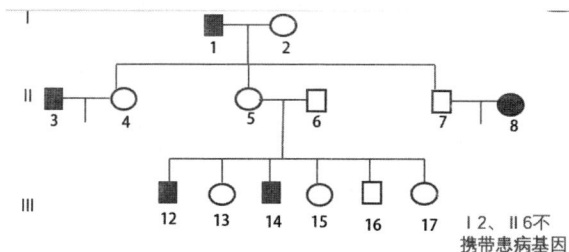

1. 控制红绿色盲的基因是显性还是隐性？

2. 红绿色盲基因可能位于 X 染色体，还是 Y 染色体上？

归纳总结：红绿色盲遗传方式为伴 X 染色体隐性遗传。致病基因表示为 Xb，正常基因表示为 XB。

学生写出人的正常色觉和红绿色盲的基因型和表现型。（色盲基因用 b 表示）

	女　性			男　性	
表现型	正常	正常 (携带者)	色盲	正常	色盲
基因型	X^BX^B ①	X^BX^b ②	X^bX^b ③	X^BY ④	X^bY ⑤

教师引导学生分析人类色觉正常和红绿色盲遗传的六种婚配方式。分析该家系图谱回答问题：

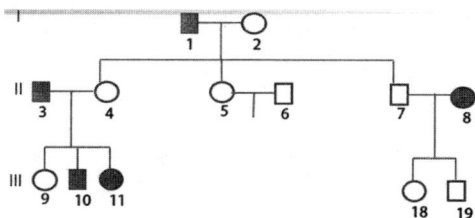

1. 上述两家庭中有一个孩子不是他们亲生的，请你帮忙找出非亲生子女，分析原因。

2. 写出Ⅱ3、Ⅱ4与Ⅱ7、Ⅱ8两个家庭的遗传图解。（要求：①写出遗传图

解，②致病基因用红色标注，③描述亲本致病基因流向儿女的情况）

学生代表说出家系中人员的基因型，口头分析问题1；学生先在草稿纸上写出问题2的遗传图解分析。教师巡视过程中找出有代表性的同学在黑板上写出遗传图解分析，学生纠错，教师点评，最后给出正确的遗传图解分析的模板。学生讨论分析，说出亲本致病基因流向女儿的情况，从而得出结论1：女患者的父亲和儿子必患病。

教师继续引导学生分析该家系的遗传图解，设置问题串：

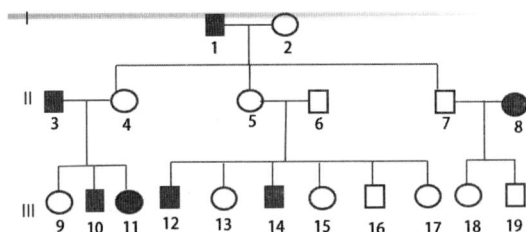

1. I1 的色盲基因只能传递给儿子还是女儿？

2. III12 和 III14 的色盲基因一定来自父亲还是母亲？

通过对以上问题分析，可以知道男性色盲基因只能由母亲传来，以后只能传给自己的女儿，从而可以得到结论2：该遗传具有隔代交叉遗传。

从图谱中可以看出，红绿色盲患者男性多于女性；从导入部分的数据统计图也可以看出来，男性患者多于女性，为什么呢？

教师从遗传概率方面进行点拨。从而得到结论3：患者男性多于女性。

教师介绍其他的伴X隐性遗传，如：人类血友病伴性遗传，果蝇的白眼遗传。

小结：1. 人类红绿色盲遗传方式为伴X隐性遗传；2. 人类红绿色盲遗传特点，①女患者的父亲和儿子必病，②隔代交叉遗传，③患者男性多于女性。

例：下图是一个关于红绿色盲的家系图，请判断，III 1 的色盲基因来自 I 的哪个个体（致病基因表示 Xb 表示）？

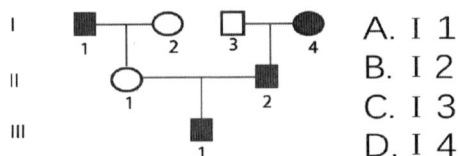

A. I 1
B. I 2
C. I 3
D. I 4

七、板书设计

人类红绿色盲。

1. 遗传方式：伴 X 隐性遗传。

2. 遗传特点：

　　女患者的父亲和儿子必病，

　　隔代交叉遗传，

　　患者男性多于女性。

八、教学反思

本节课能够充分使用智慧课堂 101 教学，教学过程中突破重难点，但是有些方面做得不到位：（1）未充分把握我校学生学情，比如直接让学生写出遗传图解会有一定难度，对于中优生相对容易，但是对于差生却是困难的。下次教学中，教师可以带着学生先分析一个遗传图解的写法，再让学生独立地写出其余的，降低难度。（2）不能及时联系高考考点，横向、纵向联系比较少，并且知识点的过渡需要更流畅，仍需要多向经验丰富的教师学习。（3）课堂检测以选择题的形式出现，利用智慧课堂，可以及时反馈学生掌握情况，但是题量可以增加。

（课例设计：高中生物课题组　袁萍）

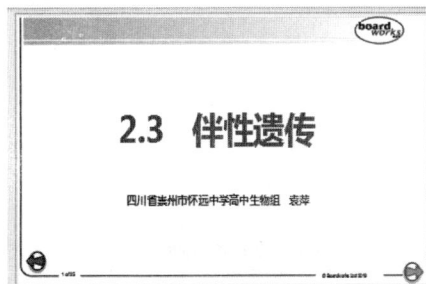

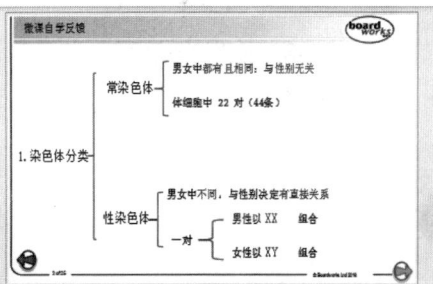

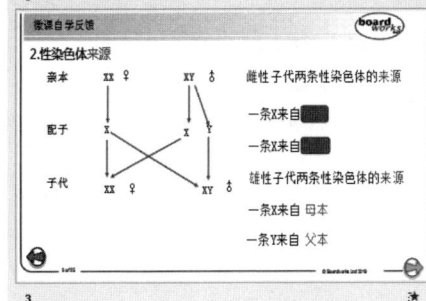

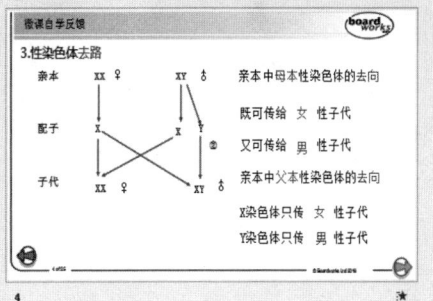

一、探究红绿色盲遗传规律

患者由于色觉障碍，不能像正常人一样区分红色和绿色，无法从事与色彩相关的工作。

5

红绿色盲检查图

6

正常色觉：△〇
红色盲：〇
绿色盲：△
红绿色盲：Nothing

你的色觉正常吗？

7

色盲症的检测：

8

从数据中看出：红绿色盲遗传与性别有没有关系？

1、红绿色盲基因是位于哪类染色体？为什么？ 性染色体。

原因：如位于常染色体，则男女患病的概率应该一样。

9

下面图谱为一个家系中的红绿色盲遗传图谱：

1.控制红绿色盲的基因是显性还是隐性？
2.红绿色盲基因可能位于X染色体，还是Y染色体上？

I 2、II 6不携带患病基因

10

红绿色盲的遗传方式 ——伴X染色体隐性遗传

致病基因表示为：X^b

正常基因表示为：X^B

11

请写出人的正常色觉和红绿色盲的基因型以及表现型（色盲基因用b表示）

	女 性			男 性	
表现型	正常	正常（携带者）	色盲	正常	色盲
基因型	$X^B X^B$	$X^B X^b$	$X^b X^b$	$X^B Y$	$X^b Y$

掌握人类色觉正常和红绿色盲遗传的六种婚配方式。

12

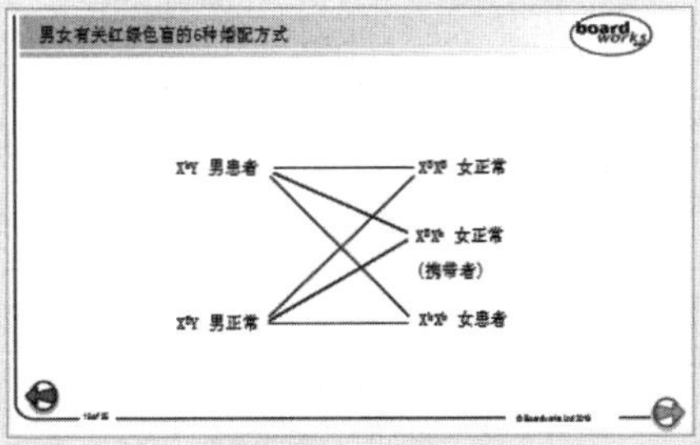

13

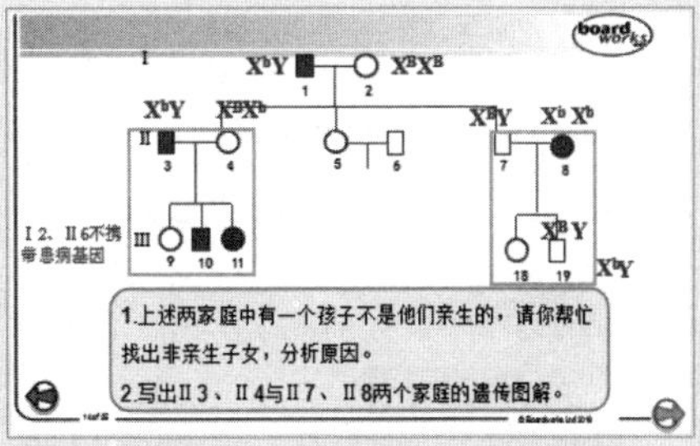

14

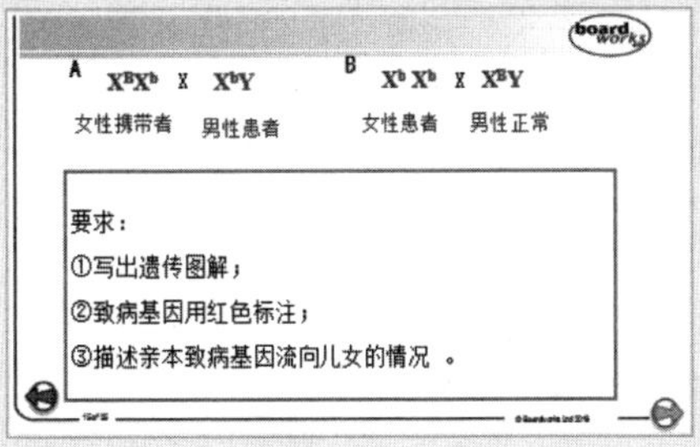

15

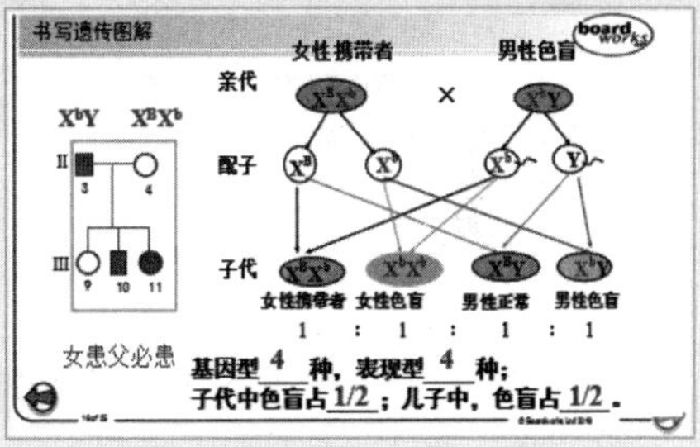

16

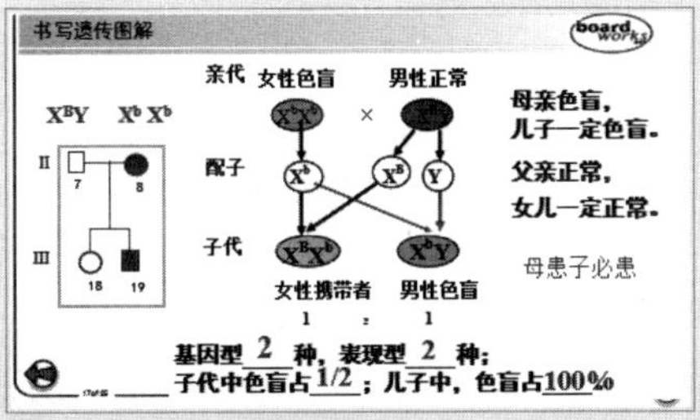

17

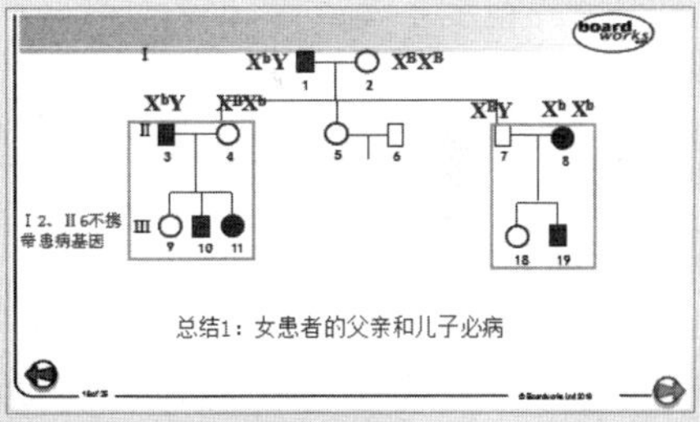

18

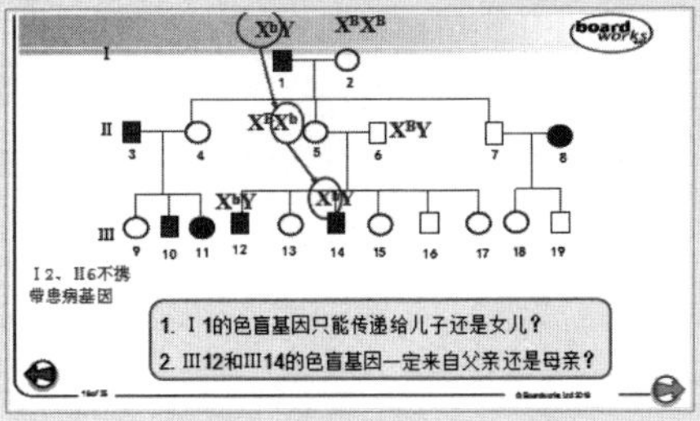

19

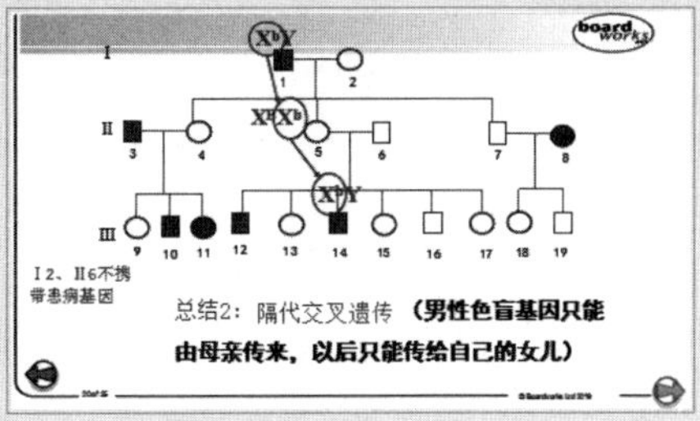

20

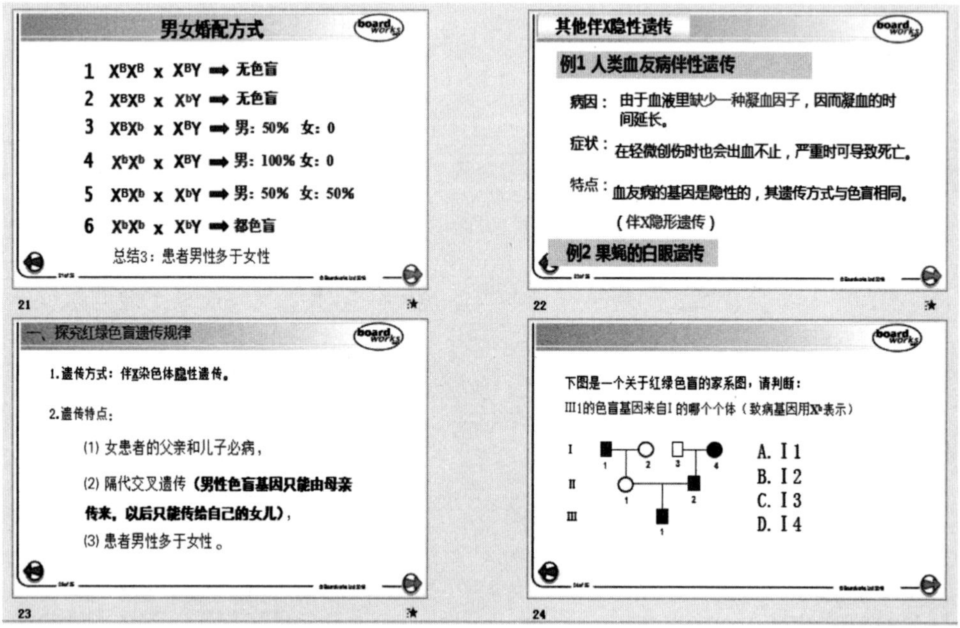

男女婚配方式 | board WORKS

1 X^BX^B × X^BY ➡ 无色盲
2 X^BX^B × X^bY ➡ 无色盲
3 X^BX^b × X^BY ➡ 男:50% 女:0
4 X^bX^b × X^BY ➡ 男:100% 女:0
5 X^BX^b × X^bY ➡ 男:50% 女:50%
6 X^bX^b × X^bY ➡ 都色盲

总结3：患者男性多于女性

21

其他伴X隐性遗传 | board WORKS

例1 人类血友病伴性遗传

病因： 由于血液里缺少一种凝血因子，因而凝血的时间延长。

症状： 在轻微创伤时也会出血不止，严重时可导致死亡。

特点：血友病的基因是隐性的，其遗传方式与色盲相同。

（伴X隐形遗传）

例2 果蝇的白眼遗传

22

一、探究红绿色盲遗传规律 | board WORKS

1.遗传方式：伴X染色体隐性遗传。

2.遗传特点：

(1) 女患者的父亲和儿子必病。

(2) 隔代交叉遗传（**男性色盲基因只能由母亲传来，以后只能传给自己的女儿**），

(3) 患者男性多于女性。

23

---

board WORKS

下图是一个关于红绿色盲的家系图，请判断：

III 1的色盲基因来自 I 的哪个个体（致病基因用 X^b 表示）

A. I 1
B. I 2
C. I 3
D. I 4

24

图 5-19　《伴性遗传》课件设计展示组图

《物质生活和社会习俗的变迁》教学设计

一、教材分析

本课属于《历史2》专题四——中国近现代社会生活的变迁第1课的内容。从1840年鸦片战争至今，我国人民的社会生活方式发生了深刻变化。该课从衣、食、住、习俗4个方面描述了这种变迁。

二、学情分析

本次授课对象为高一年级文科生，学生在初中阶段已接受过社会生活方式变化的相关内容，因而有一定的知识储备。高一年级学生刚进入高中学习，其思维方式尚未成熟，思考问题仍停留于感性认识，所以对于物质生活与习俗变迁的影响因素还缺乏有效的认识。

三、教学目标

（一）知识与能力

1. 以近现代中国服饰变迁为视角，掌握近现代中华儿女物质生活变化的具体表现，并分析变化的影响因素。

2. 学会运用唯物史观及时空观念，置于历史具体情境之下。

（二）过程与方法

提供大量近代以来不同服饰的图片和文字材料，引导学生研习其变迁的过程。

（三）情感态度价值观

学生在学习和感受了近现代人们的物质生活和社会习俗的变迁之后，体会到文明的进步，认识到在吸收外来文明的同时，深入挖掘本民族优良文化传统的重要性，从而达到提升学生家国情怀等核心素养的目的。

四、教学重难点

教学重点：近代以来物质生活和社会习俗变化的原因、特征。

教学难点：近代以来中国社会变动对物质生活产生的影响。

五、教学过程

古往今来，服饰着装从来都体现着一种社会文化，体现着一个人的文化修养和审美情趣。同学们，你们最喜欢的服装是什么呢？对于全社会来说，服饰的变迁也以非文本的形式，记载着特定时期社会生活的变迁。这节课就以参观服饰展览馆的学习方式，通过了解近现代服饰的变迁来窥探物质生活和社会习俗的变迁。

展厅分为了近代厅（1840—1949）和现代厅（1949 至今）。

（一）参观变迁

1. 近代厅展示了孙中山的服饰穿着。

（1）长袍马褂——晚清男子通常服饰，成为体现专制等级的一个载体。

（2）西装——鸦片战争后传入中国，民国成立后流行开来，也就是人们常说的舶来品。

（3）中山装（重点）——中西合璧的产物。

①请学生扮演孙中山，讲解中山装的设计含义。

②提问学生，中山装和长袍马褂你更喜欢哪一种？

③男子的服饰有了如此变化，接下来看近代女子的服饰又有什么样的发展？

（4）改良旗袍（重点）。

①展示传统旗袍和改良后的旗袍图片。

②向学生提问，传统旗袍和改良后的新式旗袍你更喜欢哪一种？

③旗袍的变化趋势以及借鉴因素。

④变化趋势：宽松肥大到合身适体，借鉴西方服饰的长处。

2. 现代厅。

（1）展示新中国成立到 20 世纪 70 年代末的服饰，特征：穿衣打扮和社会生活紧密联系。

（2）展示改革开放以后的服饰，特征：多元吸收、彰显个性。

3. 用表格总结服饰的变迁。

表 5-3　服饰的变迁

	鸦片战争后至新中国成立	新中国成立至改革开放	改革开放以后
衣			
食			

续表

	鸦片战争后至新中国成立	新中国成立至改革开放	改革开放以后
住			
习俗			
特征			

4. 小组合作探究，结合教材和导学案的内容，完成表格。

（二）探究变迁

出示史料，小组合作探究，归纳影响因素。

材料一　1840年，鸦片战争之后，随着国门的打开，西方文化对中国的生产方式、生活方式、社会习俗造成猛烈冲击。

材料二　民国期间政府仿照西方各国，颁布了男女礼服的形制。1910年，清政府颁布准许自由剪辫的法令。维新派人士倡导发起女权运动。

材料三　清政府在人口众多、交通便利、经济比较繁荣的地区开办商埠，发展近代工商业。随着近代工商业的发展，城市近代化的基础设施，如自来水供应、电灯照明等，在一些通商口岸逐步兴起。人们的生活习俗也随之发生变化。

材料四　受民主、平等、自由观念的影响，伴随着晚清资产阶级民主革命大业的进行，社会习俗也发生了变革，晚清社会也呈现出平等化的时代特征。

（三）感悟变迁

1. 展示中国传统服饰走向世界舞台。

2. 小组讨论：面对中西文化，新形势下中学生应如何对待？

3. 小组展示，选出代表。

教师总结：当今世界是一个开放、竞争、合作的世界，东、西方文化在相互交流融合中发展壮大。中国文化发展在借鉴西方文化的同时，绝不能忘记我们古老的传统文化，继承其积极、精华的东西，并结合时代加以改造，走出一条既能体现现代世界文明水准又能有自己民族特点的文化道路。

六、板书

参观变迁：衣、食、住、习俗变迁的表现。

探究变迁：衣、食、住、习俗变迁的影响因素。

感悟变迁：对待传统文化与西方文化态度。

七、教学反思

本课重点探究三个时期的服饰变迁，其中尤以近代初期这一阶段最重要，通过中山装和改良旗袍让学生体会到近代初期社会生活中西合璧、土洋并存的典型特征。本课与学生生活联系密切，课堂中充分发挥学生学习的自主性、主动性。

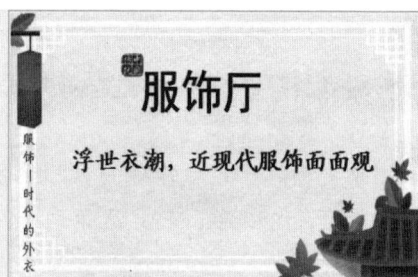

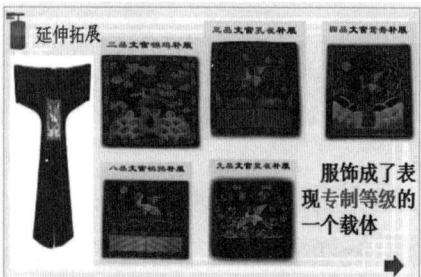

中国近代服饰展览厅
——女子

浮世衣潮 与时俱变

展厅二

改良后的新式旗袍

9

中国近代服饰展览厅
——女子

浮世衣潮 与时俱变

你会选择哪一种？
为什么？

旗袍的变化趋势

改良旗袍是借鉴了什么元素发展成最终趋势？

宽松肥大、保守呆板 ➤ 合身适体、短袍窄袖

10

改良旗袍——中西合璧的产物

展厅二

清朝传统旗袍　　欧洲女性服饰　　改良旗袍

11

中国近代服饰展览厅

浮世衣潮 与时俱变

中西合璧、土洋并存

回到田这张照片总结

宋子安
宋霭龄
宋美龄
宋子良
宋子文
宋庆龄
宋子文

——近代初期生活变迁的典型特征

12

中国现代服饰展览厅

浮世衣潮 与时俱变

展厅三

穿衣打扮与政治生活紧密地联系在一起　　军装

13

20世纪60年代中期到70年代末

展厅三

改革开放前

14

中国现代服饰展览厅

展厅四

丰富多彩、美观大方

15

小组合作　物质生活和社会习俗的变迁史实

	鸦片战争后至新中国成立	新中国成立至改革开放	改革开放至今
衣	长袍马褂、西装、中山装、旗袍	列宁装、布拉吉、干部服、军装	丰富多彩、美观大方
食			
住			
习俗			
特征	中西合璧、土洋并存	朴素单调、政治色彩浓厚	多元吸收、彰显个性

16

Slide 17 — 小组合作 物质生活和社会习俗的变迁史实

	鸦片战争后至新中国成立	新中国成立至改革开放	改革开放至今
衣	长袍马褂、西装、中山装、旗袍	列宁装、布拉吉、干部服、军装	丰富多彩、美观大方
食	传统菜系、西餐		
住	传统民居、完全欧化、中西合璧		
习俗	婚丧改革、仍放西方其他社会习俗革新		
特征	中西合璧、土洋并存	朴素单调、政治色彩浓厚	多元吸收、彰显个性

Slide 18 — 一 物质生活和社会习俗的变迁

参观变迁 → 探究变迁 → 感悟变迁

衣食住俗变迁的表现 / 影响衣食住俗变迁的因素 / 衣食住俗变迁的意义

Slide 19 — 物质生活与习俗变迁的影响因素（原因）

材料一 外因：西方工业文明的冲击

材料二 政治：中国政府改革的推动和进步政治、思想运动的推动

材料三 经济：中国近代工商业发展的推动

材料四 思想：民主平等观念深入人心

Slide 20 — 一 物质生活和社会习俗的变迁

参观变迁 → 探究变迁 → 感悟变迁

衣食住俗变迁的表现 / 影响衣食住俗变迁的因素 / 衣食住俗变迁的思考

Slide 21 — 辛亥革命、新中国成立以及改革开放等政治、经济领域的诸多变化折射在社会生活的各个方面 如绿藤蔓延 中国人的物质生活与习俗也在悄然改变

Slide 22 — 社会生活无不渗透着文化的演进和文明的交融

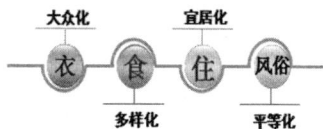

大众化 / 宜居化
衣 食 住 风俗
多样化 / 平等化

Slide 23 — 一饮一食的传承 无不渗透着中华古国的悠久传统

Slide 24 — 一衣一帽的变化 无不展示着神州大地的现代化进程

25

今日的中国文化正是在东西方文化的不断碰撞和交融中走向丰富和成熟。

在当今形势下，面对中外文化，我们应该这样做……

`00:05`

26

"文化是一个国家、一个民族的灵魂。文化兴国运兴，文化强国运强。

加强中外人文交流，以我为主，兼收并蓄。讲好中国故事，展现真实、立体、全面的中国，提高国家文化软实力。"

——十九大报告关于文化的表述

越是民族的，
越是世界的

27

本课小结

物质生活和社会习俗的变迁

- 参观变迁 —— 衣食住俗变迁的表现
- 探究变迁 —— 衣食住俗变迁的影响因素
- 感悟变迁 —— 衣食住俗变迁的思考

28

沙场练兵

旗袍在20世纪二三十年代成为中国城市女性的时尚着装。其社会原因是（ **B** ）

A. 西式服饰传入，生活方式完全西化

B. 中华民国建立，人们思想观念变化

C. 城市化进程中，女性开始引领时尚

D. 旗袍典雅大方，体现女性的曲线美

29

沙场练兵

徐珂《清稗类钞》记述："先由男子陈自愿于父母，得父母允准，即延介绍人预期约定邀男女会晤，男女同意，婚约始定。"这反映晚清婚俗的变化是（ **B** ）

A. 媒约之言控制婚约缔定

B. 婚姻尊重当事人的意愿

C. 婚姻听凭父母安排

D. 婚姻仪式简约文明

30

感谢各位的观看

31

沙场练兵

课后拓展

请课后访问长辈，搜集老照片等能够反映物质生活和社会习俗变化历史资料，办一张能够反映中国近现代物质生活和社会习俗变迁的小报。

32

图 5-20　《服饰的变迁》课件设计展示组图

编后记

　　研究的目标是成就人、成熟人。但如果我们不能静下心来，又怎么去反思？又何谈专业发展？要改变一所学校，改变一个教师群体，需要我们敞开教室的大门，积极开展校内教研，唤醒他们对集体备课、对课程建设的意识转变，从认知上、方法上、管理上和评价上内化于心，外塑于行，去细化目标，去优化方式，才能努力实现坐而合、教而研、研且改的良好教育教研氛围，降低我们专业成长的时间成本，改善学校的教育生态，改变学生的学习方式。

　　让学生满意，很难；让教师幸福，不易。作为校长，课题实践研究者，课程建设推动者，必须具有引领办学方向并达成共识的教育理念。教育改革轰轰烈烈，你方唱罢我登场，但裹足不前的最根本原因在于教师缺乏教育理念、教育思想和教育使命感，即使有也含混不清。在教师眼中，什么是最有价值的？是分数还是"人"本身？只有"改头"才能"换面"，回归教育常识——以人为本，正本清源。作为教师，学校这一方"池塘"的建设者、看护者，是课程、课堂的最直接的开发者、实施者，我们的行动应如何跟进？我们的操作应如何实践？这值得我们用一生去思考。

　　怀远中学课题研究工作应用的是 20 世纪 30 年代由库尔德·勒温所开创的行动研究法。在行动研究中，研究者自身与作为实验对象的教师团队合作，参与问题的解决，携手共创课堂教育教学实践，探究其解决问题的整个思维过程。坦白地说，在从事这项工作的 5 年时间里，我们经常感到力不从心，心想"就这样算了吧，放弃吧"。但大家最终都坚持了下来，能做到这一点，最重要的还是因为在集体备课、观课议课、教研沙龙、实地跟岗、课程建设过程中大家学到了很多东西。从书本中学到的东西固然很重要，但作为一个课题研究者和实践者，更重要的还是从教学实践和现实中学习，像能够读懂书本一样读懂课堂里的现实。

　　课题组认为，教学者必须是一个不止息的学习者，是一位不断成长的好教师，更应该是一个行走在一线的研究者，通过具体的教育教学实践，去实现自己对教育、对教师职业的正确理解，有修炼，有收获，有幸福。客观地讲，我们不仅要"教会"，更要"会教"。"教会与会教"表面上看虽然是两个字的顺序对调了一下，但实际意义却截然不同。教会和学会一样，充其量是一种技术；会教和会学则是一种艺术。技术容易学，艺术无止境。因为易学，人们常会停滞不前；因为无止境，所以不管作为学生还是老师都要不断地反思、探索和完善。

研究是为教学服务的，无论是集体备课，还是校本开发，最终都要通过课堂教学来实现。研究要达到的目的是，不但教师"会教"，还有学生"会学"。每个学生都有与生俱来的学之本能，他们之所以"学会"是因为他们"肯学""会学"。教会只可达到学会，而会教才能达到会学。由"学会"到"会学"才是教学所追求的理想境界，这就要求教师完成从"教会"到"会教"的角色转变。"教会"是必行的，"会教"是必须的。"会学"的学生必定轻松学会；"会教"的老师势必高效教会。"会教"与"教会"是相辅相成的，但也并不是绝对的。"会教"的教师并不一定都能"教会"所有的学生；"教会"的功劳也并不一定都是"会教"的结果。教学本身就是师生的双边活动，只有教学相长，才能让教学的魅力大放光彩，学生也才能有真正的收获。

做教育就是做"土壤"，做研究就是"得智慧"。时至今日，在学校"树德求真，怀远务实"办学理念的引领、指导下，9个课题研究小组从未让我们失望过。无论是集体备课研讨、教学技能大赛，还是校本教材编写、校本课程建设，课题研究小组的成果一直在推进，一直在优化，因而走在了农村普通高中前列。在今后的研究道路上，怀远中学课题组全体参研教师会继续敢于开拓，勇于创新，务求实效，实现初衷。

编者

2020 年 12 月